내 꿈을 찾아가는

완주

50일 진로 명언 따라 쓰기

서민 지음

서사원주니어

너의 꿈은 지금도 자라는 중이야!

"너는 꿈이 뭐야?" 이 질문 앞에서 고개를 갸웃하거나 "잘 모르겠어요.", "없어요."라고 말하는 친구들을 참 많이 만났어요. 학교와 학원 숙제에 쫓기고 공부하느라 바빠서 나는 어떤 사람인지, 무엇을 좋아하는지 천천히 생각해 볼 시간이 부족했을 거예요. 꿈이 없는 것이 아니라, 아직 꿈을 만날 기회가 없었던 것이지요. 이 책은 여러분에게 그 기회를 선물하고 싶은 마음에서 시작됐어요.

각자의 자리에서 멋지게 살아가는 어른들도 처음부터 완벽했던 것은 아니에요. 우리가 위인이라고 부르는 사람들도 마찬가지예요. 그들의 삶을 자세히 들여다보면 모두 실패한 경험이 있지요. 흔들리고 고민하며 자신만의 길을 찾아간 것이에요.

이 책에는 다양한 직업을 가진 사람들의 이야기와 그들이 마음속에 품고 살았던 보석 같은 문장들이 담겨 있답니다. 여러분은 그 문장들을 손으로 천천히 따라 쓰며 생각하는 시간을 갖게 될 거예요. 이때 따라 쓰기는 단순히 글씨를 베껴 쓰는 것이 아니에요. **좋은 문장을 눈으로 보고, 손으로 쓰고, 마음으로 느끼는 동안 그 말은 어느새 여러분의 마음속으로 스며들게 될 거예요.**

"나도 이 사람처럼 살아 보고 싶다.", "이 말이 왜 내 마음을 울리는 걸까?", "나라면 이런 상황에서 어떤 선택을 했을까?" 이런 질문들이 꼬리를 물 때, 비로소 진짜 '나'를 알아가는 여행이 시작된답니다. **단순히 직업의 이름을 아는 것을 넘어, 나는 어떤 삶을 살고 싶은 사람인지를 고민하는 힘이 길러지는 것이지요.** 이 책은 다음과 같은 흐름으로 여러분의 꿈 찾기 여정을 돕고 있어요.

1. 인물 알아보기

인물의 삶을 만나 봅니다. 먼저, 이 직업으로 의미 있는 발자취를 남긴 인물의 일대기를 짧게 살펴봅니다. 인물이 어떤 선택을 했고 어떤 어려움을 겪었는지, 어떤 마음으로 버텼는지를 읽으며 자기 길을 만들어 가는 과정을 배웁니다.

2. 직업 탐구하기

다음으로 이 직업을 가진 사람들이 구체적으로 어떤 일을 하는지 확인합니다. 같은 분야에서 일하는 유명인을 몇 사람 더 알아보고, 이 일과 잘 어울리는 성향이나 길러 두면 좋은 습관도 살펴봅니다.

3. 명언 따라 쓰기

인물이 남긴 명언을 손으로 써 보며 문장을 마음에 새겨 봅니다. 명언을 따라 쓰는 동안 그 사람이 어떤 노력 끝에 성장했는지, 무엇을 중요하게 여겼는지 느껴 봅니다. 천천히 따라 쓰면서 이 말이 왜 좋은지, 내 마음을 움직이는 부분은 어디인지 생각해 보세요. 그리고 마음의 소리에 귀 기울여 보세요.

4. 진로 탐색하기

마지막으로, 만약 내가 이 직업을 갖는다면 어떨지 떠올려 봅시다. 이 일을 하며 나는 어떤 모습으로 살고 싶은지를 상상해서 적어 봅니다. 정해진 정답은 없으니 여러분의 생각을 마음껏 펼쳐 보세요.

이 과정을 따라가다 보면 다양한 직업을 만나고, 나와 잘 맞는 멘토의 문장을 찾게 될 거예요. 책에 나오는 인물들의 삶이 모두 정답은 아니지만 그 속에서 여러분의 마음을 움직이는 문장 하나, 생각 하나를 발견한다면 그것으로 충분해요. 그 문장이 씨앗이 되어 여러분만의 꿈을 키워 줄 테니까요.

모든 문장이 마음에 쏙 들지 않아도 괜찮습니다. '나는 이 말에는 좀 반대야.'라는 생각이 들어도 좋아요. 나만의 기준이 생겼다는 뜻이니까요. 또 당장 꿈을 정하지 못했다고 해서 조급해할 필요는 없어요. **중요한 건 정해진 답을 찾는 게 아니라 나 자신의 목소리에 귀 기울여 보는 것이니까요.**

이 책이 누군가에게는 작은 위로가, 누군가에게는 새로운 용기가, 또 누군가에게는 가슴 뛰는 설렘이 되기를 바랍니다.

자, 이제 나만의 꿈 씨앗을 찾으러 갈 준비가 되었나요?

2026년 봄의 한복판에서
세상 그 어떤 꽃보다 환하게 빛날 여러분의 꿈을 축복하며,

작가 서민 드림

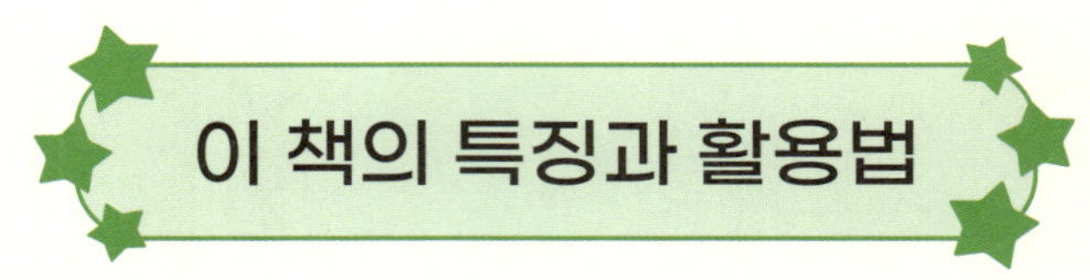

이 책의 특징과 활용법

어느 분야의 직업인지
알 수 있어요.

인물이 남긴 명언이에요.
소리 내어 읽으며 따라 써요.

어떤 직업과 인물을
다룰지 확인해요.

오늘 날짜를 써요.

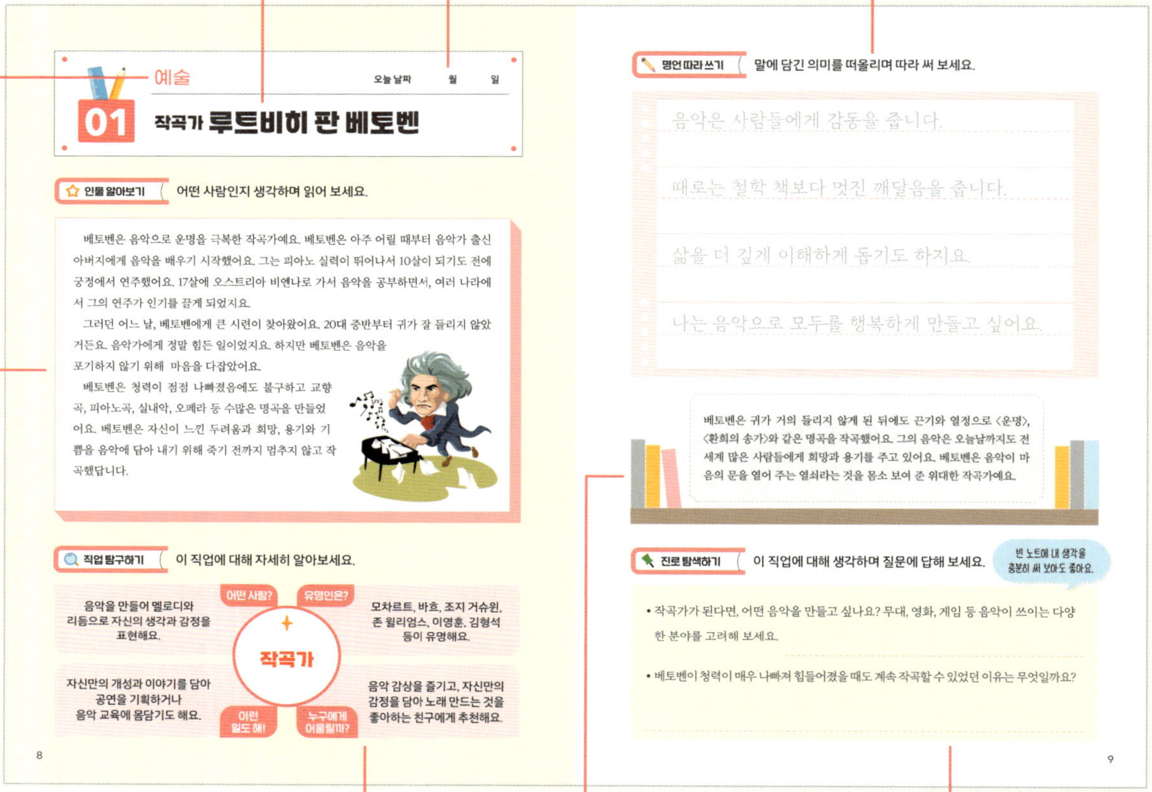

예술　　오늘 날짜　월　일

01 작곡가 루트비히 판 베토벤

인물 알아보기　어떤 사람인지 생각하며 읽어 보세요.

베토벤은 음악으로 운명을 극복한 작곡가예요. 베토벤은 아주 어릴 때부터 음악가 출신 아버지에게 음악을 배우기 시작했어요. 그는 피아노 실력이 뛰어나서 10살이 되기도 전에 궁정에서 연주했어요. 17살에 오스트리아 비엔나로 가서 음악을 공부하면서, 여러 나라에서 그의 연주가 인기를 끌게 되었지요.

그러던 어느 날, 베토벤에게 큰 시련이 찾아왔어요. 20대 중반부터 귀가 잘 들리지 않았거든요. 음악가에게 정말 힘든 일이었지요. 하지만 베토벤은 음악을 포기하지 않기 위해 마음을 다잡았어요.

베토벤은 청력이 점점 나빠졌음에도 불구하고 교향곡, 피아노곡, 실내악, 오페라 등 수많은 명곡을 만들었어요. 베토벤은 자신이 느낀 두려움과 희망, 용기와 기쁨을 음악에 담아 내기 위해 죽기 전까지 멈추지 않고 작곡했답니다.

직업 탐구하기　이 직업에 대해 자세히 알아보세요.

작곡가

어떤 사람? 음악을 만들어 멜로디와 리듬으로 자신의 생각과 감정을 표현해요.

유명인은? 모차르트, 바흐, 조지 거슈윈, 존 윌리엄스, 이영훈, 김형석 등이 유명해요.

이런 일도 해! 자신만의 개성과 이야기를 담아 공연을 기획하거나 음악 교육에 몸담기도 해요.

누구에게 어울릴까? 음악 감상을 즐기고, 자신만의 감정을 담아 노래 만드는 것을 좋아하는 친구에게 추천해요.

8

명언 따라 쓰기　말에 담긴 의미를 떠올리며 따라 써 보세요.

음악은 사람들에게 감동을 줍니다.

때로는 철학 책보다 멋진 깨달음을 줍니다.

삶을 더 깊게 이해하게 돕기도 하지요.

나는 음악으로 모두를 행복하게 만들고 싶어요.

베토벤은 귀가 거의 들리지 않게 된 뒤에도 끈기와 열정으로 〈운명〉, 〈환희의 송가〉와 같은 명곡을 작곡했어요. 그의 음악은 오늘날까지도 전 세계 많은 사람들에게 희망과 용기를 주고 있어요. 베토벤은 음악이 마음의 문을 열어 주는 열쇠라는 것을 몸소 보여 준 위대한 작곡가예요.

진로 탐색하기　이 직업에 대해 생각하며 질문에 답해 보세요.　빈 노트에 내 생각을 충분히 써 보아도 좋아요.

• 작곡가가 된다면, 어떤 음악을 만들고 싶나요? 무대, 영화, 게임 등 음악이 쓰이는 다양한 분야를 고려해 보세요.

• 베토벤이 청력이 매우 나빠져 힘들어졌을 때도 계속 작곡할 수 있었던 이유는 무엇일까요?

9

인물의 삶을
담은 글을 읽어요.

직업에 대해
자세히 알아봐요.

따라 쓴
문장에 대한 해석,
인물의 삶에 대한
요약을 읽으며
마음속에 담아요.

내가 이 직업을 갖게 되면
어떨지 상상하며
질문에 답해 보세요.

☆ 부모님께 드리는 제안

아이가 쓴 글을 평가하는 대신, 다음과 같이 물어봐 주세요. 짧은 대화 한 번으로도 자신의 마음이 존중받는 경험이 쌓여요.

- 오늘 책 속에서 만난 사람 중에 누가 기억에 남았어?
- 이 직업의 어떤 점이 흥미롭니? 어떤 점이 어렵게 느껴졌어?
- 따라 써 본 문장 중에 특히 마음에 남은 건 뭐야?

차례

오늘 날짜   월   일

01 작곡가 **루트비히 판 베토벤**

☆ 인물 알아보기 — 어떤 사람인지 생각하며 읽어 보세요.

베토벤은 음악으로 운명을 극복한 작곡가예요. 베토벤은 아주 어릴 때부터 음악가 출신 아버지에게 음악을 배우기 시작했어요. 그는 피아노 실력이 뛰어나서 10살이 되기도 전에 궁정에서 연주했어요. 17살에 오스트리아 비엔나로 가서 음악을 공부하면서, 여러 나라에서 그의 연주가 인기를 끌게 되었지요.

그러던 어느 날, 베토벤에게 큰 시련이 찾아왔어요. 20대 중반부터 귀가 잘 들리지 않았거든요. 음악가에게 정말 힘든 일이었지요. 하지만 베토벤은 음악을 포기하지 않기 위해 마음을 다잡았어요.

베토벤은 청력이 점점 나빠졌음에도 불구하고 교향곡, 피아노곡, 실내악, 오페라 등 수많은 명곡을 만들었어요. 베토벤은 자신이 느낀 두려움과 희망, 용기와 기쁨을 음악에 담아 내기 위해 죽기 전까지 멈추지 않고 작곡했답니다.

🔍 직업 탐구하기 — 이 직업에 대해 자세히 알아보세요.

어떤 사람?

음악을 만들어 멜로디와 리듬으로 자신의 생각과 감정을 표현해요.

유명인은?

모차르트, 바흐, 조지 거슈윈, 존 윌리엄스, 이영훈, 김형석 등이 유명해요.

✦ 작곡가

이런 일도 해!

자신만의 개성과 이야기를 담아 공연을 기획하거나 음악 교육에 몸담기도 해요.

누구에게 어울릴까?

음악 감상을 즐기고, 자신만의 감정을 담아 노래 만드는 것을 좋아하는 친구에게 추천해요.

  말에 담긴 의미를 떠올리며 따라 써 보세요.

음악은 사람들에게 감동을 줍니다.

때로는 철학 책보다 멋진 깨달음을 줍니다.

삶을 더 깊게 이해하게 돕기도 하지요.

나는 음악으로 모두를 행복하게 만들고 싶어요.

베토벤은 귀가 거의 들리지 않게 된 뒤에도 끈기와 열정으로 〈운명〉, 〈환희의 송가〉와 같은 명곡을 작곡했어요. 그의 음악은 오늘날까지도 전 세계 많은 사람들에게 희망과 용기를 주고 있어요. 베토벤은 음악이 마음의 문을 열어 주는 열쇠라는 것을 몸소 보여 준 위대한 작곡가예요.

  이 직업에 대해 생각하며 질문에 답해 보세요.

- 작곡가가 된다면, 어떤 음악을 만들고 싶나요? 무대, 영화, 게임 등 음악이 쓰이는 다양한 분야를 고려해 보세요.

- 베토벤이 청력이 매우 나빠져 힘들어졌을 때도 계속 작곡할 수 있었던 이유는 무엇일까요?

오늘 날짜   월   일

02 연주가 **요요 마**

☆ **인물 알아보기**   어떤 사람인지 생각하며 읽어 보세요.

요요 마는 세계에서 가장 유명한 첼로 연주자 중 하나예요. 4살 때부터 첼로를 배우기 시작했지요. 어릴 때부터 음악 신동으로 유명했던 그는 가족과 함께 미국으로 이주해 더 넓은 세상에서 공부를 이어갔어요. 세계적인 음악 학교인 줄리아드음악원과 하버드대학교에서 공부하며 클래식뿐만 아니라 다양한 문화의 음악에 관심을 가졌지요. 그는 남들과 똑같이 연주하는 것에 만족하지 않고 음악으로 다양한 사람들과 마음을 나누고 싶어 했어요.

요요 마는 첼로 하나로 재즈, 탱고, 팝, 민요, 영화음악 등 다양한 장르에 도전하며 첼로의 영역을 넓혔어요. 사람들은 그가 무대 위에서 연주할 때 평화와 기쁨, 용기와 소망을 느낀다고 해요. 지금도 요요 마는 첼로를 들고 세계 곳곳을 누비며 관객들을 만나고 있답니다.

🔍 **직업 탐구하기**   이 직업에 대해 자세히 알아보세요.

어떤 사람?

다양한 악기를 연주하며 음악을 생생하게 표현하는 사람이에요.

유명인은?

바이올린 연주자 데이비드 가렛, 피아니스트 조성진, 첼리스트 자클린 뒤 프레 등이 유명해요.

✦ 연주가

이런 일도 해!

음반 제작을 위한 녹음에 참여하며 악기를 조율하고, 악보를 직접 편곡하기도 해요.

누구에게 어울릴까?

음악적 재능이 있고, 악기 음색이나 화성 진행을 잘 파악하는 친구에게 추천해요.

나는 매일 음악, 사람, 삶에 대해 새롭게 배워요.

음악에는 굳게 닫힌 마음도 여는 힘이 있어요.

음악은 사람들 사이의 장벽을 허물 수 있어요.

음악은 모두를 하나로 이어 줘요.

요요 마는 전통 클래식 음악뿐만 아니라, 여러 나라의 민속 음악과 재즈, 팝 등 다양한 장르에 도전했어요. 특히 '실크로드 프로젝트'를 통해 여러 나라 연주자들과 함께 새로운 음악을 만들어 냈지요. 요요 마는 음악이 국경과 언어를 넘어 사람들을 이어 줄 수 있다고 믿어요. 그런 믿음으로 세상을 더 아름답게 만드는 연주자랍니다.

🌱 **진로 탐색하기** ⟨ 이 직업에 대해 생각하며 질문에 답해 보세요.

- 좋아하는 악기가 있나요? 그 이유는 무엇인가요?

- 요요 마처럼 새로운 장르에 도전한다면, 무슨 악기로 어떤 장르의 음악을 연주해 보고 싶나요?

03 무용가 **마사 그레이엄**

⭐ 인물 알아보기　어떤 사람인지 생각하며 읽어 보세요.

　　그레이엄은 현대 무용의 어머니라고 불릴 만큼 무용계에서 중요한 인물이에요. 그녀는 어린 시절, 몸이 유연하지 않고 무용에 소질이 없다는 말을 듣기도 했어요. 하지만 어느 날 극장에서 공연을 보고 무용수들이 감정을 몸짓으로 표현하는 모습에 큰 감동을 받았지요. 그 일을 계기로 20살이 넘어서 본격적으로 무용을 배우기 시작했어요.

　　그레이엄은 춤을 '몸으로 감정을 솔직하게 표현하는 예술'이라고 생각했어요. 그래서 기존의 전통 무용과는 다른 새로운 움직임을 개발했어요. 그 춤은 매우 새로워서 처음에는 이해하기 어렵다는 평가를 받았지요. 하지만 그레이엄은 포기하지 않고 수천 번 연습하고 도전했어요. 또, 자신만의 무용단을 만들고 직접 안무를 짠 공연을 올렸지요. 점점 더 많은 사람들이 그레이엄의 춤에 감동받았고, 그녀는 90살이 넘도록 무대에 올랐어요. 그렇게 그녀는 전 세계 수많은 무용가들의 롤모델이 되었답니다.

🔍 직업 탐구하기　이 직업에 대해 자세히 알아보세요.

어떤 사람?
무용가는 음악에 맞춰 몸을 움직여 여러 감정을 표현하는 사람이에요.

유명인은?
조지 발란신, 피나 바우쉬, 이사도라 덩컨, 도리스 험프리, 공옥진, 강수진 등이 유명해요.

✦ 무용가

이런 일도 해!
뮤지컬·영화·예능 프로그램의 안무를 제작하거나, 사회적 메시지를 담은 캠페인 공연에 참여하기도 해요.

누구에게 어울릴까?
몸으로 표현하는 걸 좋아하고, 꾸준히 연습해서 무대에 서는 걸 꿈꾸는 친구에게 추천해요.

춤은 마음속 깊은 곳에서 나오는 언어예요.

몸의 움직임은 거짓말을 하지 않아요.

춤추는 사람을 있는 그대로 보여 준답니다.

연습이 어려워도 반복해 보세요.

그레이엄은 고전적인 춤만 있던 시대에, 새로운 현대 무용 장르를 만들어 낸 위대한 예술가예요. 그녀만의 춤동작과 훈련법인 '그레이엄 테크닉'은 전 세계 무용가들이 배우는 기본기로 자리 잡았어요. 그녀는 춤이 그저 화려한 볼거리가 아니라, 마음의 이야기를 전하는 수단이 될 수 있다는 것을 알려 주었어요.

🚩 **진로 탐색하기**   (이 직업에 대해 생각하며 질문에 답해 보세요.

• 무용 공연을 직접 본 경험이 있나요?

• 공연을 보면서 어떤 느낌이 들었나요?

• 친구가 갑자기 먼 나라로 이민을 간다고 상상해 보세요. 그때 드는 마음을 어떤 동작으로 표현할 수 있을지 떠올려 보세요.

04 가수 **스티비 원더**

★ **인물 알아보기**　　어떤 사람인지 생각하며 읽어 보세요.

　　스티비는 태어날 때부터 시력을 잃고 앞을 보지 못하는 시각장애인이었어요. 하지만 그는 음악을 정말 사랑했어요. 아주 어릴 때부터 피아노, 하모니카, 드럼 등 여러 악기를 친구처럼 여기며 열심히 연주했지요. 그러다 10살 무렵 직접 녹음한 노래가 유명해졌어요. 그렇게 12살에 세계적으로 유명한 음반 회사와 계약하고, '리틀 스티비 원더'라는 이름으로 가수 활동을 시작했어요.

　　스티비만의 독특한 목소리는 사람들에게 특별한 감동을 주었지요. 그의 노래에는 희망, 용기, 사랑이 담겨 있어요. 〈아이 저스트 콜 투 세이 아이 러브 유(I Just Call To Say I Love You)〉, 〈슈퍼스티션(Superstition)〉 같은 노래는 지금도 많은 사람들이 즐겨 듣는 명곡이지요. 스티비는 음악이라는 꿈을 포기하지 않고, 자신만의 목소리로 전 세계 사람들에게 희망을 선물했어요.

🔍 **직업 탐구하기**　　이 직업에 대해 자세히 알아보세요.

자신의 목소리로 노래를 불러 개성을 표현하고 감정을 전달해요.

어떤 사람?

유명인은?

빌리 아일리시, 에드 시런, 테일러 스위프트, 방탄소년단, 블랙핑크 등이 유명해요.

가수

무대에서 공연을 하거나 음반을 내요. 뮤직비디오를 찍거나 방송에 출연하기도 해요.

이런 일도 해!

누구에게 어울릴까?

음악을 사랑하고 즐겁게 노래하며 사람들의 마음을 움직이는 힘을 갖고 싶은 친구에게 추천해요.

눈이 나쁘다고 꿈까지 안 보이는 건 아니에요.

음악은 우리에게 소중한 추억을 줘요.

다른 사람의 기준에 맞추는 대신,

스스로의 인생을 사세요.

스티비는 미국 최고 권위의 대중음악 시상식인 그래미 어워드에서 20번 넘게 수상했어요. 그리고 흑인 인권 운동을 비롯한 다양한 사회 운동에 관심을 가지고, 어린이와 약자들을 돕는 여러 활동에 참여했지요. 그는 음악가로서뿐만 아니라 따뜻한 마음을 가진 사회 운동가로도 존경받고 있답니다.

🟢 **진로탐색하기** 이 직업에 대해 생각하며 질문에 답해 보세요.

• 어떤 가수가 훌륭한 가수라고 생각하나요?

• 가수가 되려면 어떤 노력을 해야 할까요?

• 노래로 세상을 변화시킬 수 있다면, 어떤 메시지가 담긴 노래를 부르고 싶나요?

오늘 날짜　　월　　일

05 화가 **빈센트 반 고흐**

☆ **인물 알아보기**　（　어떤 사람인지 생각하며 읽어 보세요.

　　고흐는 전 세계에서 가장 유명한 화가 중 한 사람이에요. 그는 젊은 시절 미술품 판매상, 교사, 서점 직원, 목사 후보생 등 다양한 일을 했어요. 그러다 그림을 그릴 때 마음이 편해지고, 그가 자주 느꼈던 슬픔이나 외로움도 그림으로 표현할 수 있다는 걸 깨달았지요. 그래서 27살이라는 비교적 늦은 나이에 화가 생활을 시작했어요.

　　고흐의 그림은 그만의 특별한 색과 선으로 가득해요. 〈별이 빛나는 밤〉에서는 밤하늘이 마치 춤추듯 빛나고, 〈해바라기〉의 해바라기는 생동감 넘쳐요. 그는 자연과 사물에 자신의 마음을 담아 그림을 그렸답니다.

　　외롭고 우울하게 지낸 날이 많았지만, 고흐는 그럴수록 그림을 통해 자신의 꿈을 이어갔답니다. 그의 동생 테오는 끝까지 응원하며 큰 힘이 되어 주었지요. 비록 고흐는 살아 있을 때 이름을 알리지 못했지만, 지금은 모두가 그의 작품이 얼마나 아름다운지 알고 있어요.

🔍 **직업 탐구하기**　（　이 직업에 대해 자세히 알아보세요.

어떤 사람?
사람, 풍경, 감정 등을 그림으로 표현해요.

유명인은?
파블로 피카소, 클로드 모네, 프리다 칼로, 앤디 워홀 등이 유명해요.

화가

이런 일도 해!
삽화 및 벽화 그리기, 예술 교육, 사회 문제를 주제로 한 캠페인 등 다양한 분야에서 활동해요.

누구에게 어울릴까?
창의적인 시선으로 세상을 색다르게 보고, 이를 그림으로 표현하고 싶은 친구에게 추천해요.

> 나는 그림을 꿈꾸고, 꿈을 그립니다.
>
> 마음 속에서 '나는 그림을 못 그려'라는 소리가 들리면,
>
> 계속 그리세요. 그 소리가 사라질 거예요.
>
> 위대한 일도 작은 일들이 모여서 이루어져요.

고흐는 사람들이 자신의 그림을 이해하지 못해 외롭고 힘든 시간을 보냈지만, 스스로를 믿고 끝까지 포기하지 않았어요. 돈을 벌지 못해 가난했어도 하루에도 몇 장씩 쉼 없이 그림을 그렸지요. 고흐의 이야기는 꿈을 포기하지 않고 끝까지 노력하는 용기가 얼마나 소중한지 우리에게 말해 주고 있답니다.

🚩 **진로 탐색하기**　　이 직업에 대해 생각하며 질문에 답해 보세요.

- 어려운 일이 생길 때 어떻게 용기를 내나요?

- 고흐는 보이는 그대로가 아니라 자기만의 느낌으로 세상을 표현하려고 했어요. 화가가 된다면, 세상을 어떤 모습으로 그리고 싶나요?

오늘 날짜   월   일

06 조각가 **오귀스트 로댕**

☆ **인물 알아보기** | 어떤 사람인지 생각하며 읽어 보세요.

로댕은 어릴 때부터 주변을 잘 관찰하고, 종이와 진흙으로 모양을 만들며 노는 걸 좋아했어요. 하지만 그는 학교 공부를 어려워했고 예술 학교 입시에도 여러 번 떨어졌어요. 그럼에도 불구하고 로댕은 포기하지 않고 공방에서 기술을 배우고, 다양한 작품을 만들며 실력을 키워 갔지요.

로댕은 사람의 몸과 표정을 아주 사실적으로 표현하려고 했어요. 그의 대표작 〈생각하는 사람〉은 고개를 숙이고 깊이 생각에 잠긴 남자의 모습을 담고 있어요. 처음에는 그의 조각을 이상하게 보는 사람도 있었지만, 지금은 모두가 직접 보고 싶어 하는 유명한 작품이 되었답니다.

로댕은 진짜 감정은 있는 그대로의 모습에서 온다고 믿으며 자신만의 길을 걸었어요. 지금도 프랑스 파리의 로댕 미술관에는 많은 사람들이 찾아와 그의 작품을 감상하며 조각가의 꿈을 키우고 있어요.

🔍 **직업 탐구하기** | 이 직업에 대해 자세히 알아보세요.

돌, 나무, 금속, 점토 등 여러 재료를 깎거나 빚어 예술 작품을 만들어 내요.

미켈란젤로, 헨리 무어, 루이스 부르주아, 이우환, 권진규 등이 유명해요.

공공장소에 조각을 설치해 사람들에게 특별한 쉼터를 선물하기도 해요.

손으로 만드는 걸 좋아하거나, 나만의 이야기를 입체적으로 표현하고 싶은 친구에게 추천해요.

예술가에게 자연의 모든 것은 아름다워요.

나는 아무것도 발명하지 않아요.

새롭게 재발견할 뿐이에요.

예술가는 불을 지피기에 앞서, 불꽃을 만들어요.

로댕은 세상의 평범한 것들, 사람의 표정, 일상의 손짓 하나까지 소중하게 바라보며 조각으로 표현했어요. 완벽함보다는 그 안에 담긴 진실한 감정을 담으려는 마음으로 매 순간 정성을 다해 작품을 완성해 나갔지요. 로댕의 삶은 우리에게 성실하게 노력하면 꿈을 이룰 수 있다고 말해 주어요.

🚩 **진로 탐색하기** 이 직업에 대해 생각하며 질문에 답해 보세요.

• 조각을 한다면 어떤 재료로, 어떤 주제를 표현하고 싶나요?

• 조각을 만드는 과정에서 어떤 어려움이 있을까요? 그 어려움은 어떻게 해결하면 좋을까요?

오늘 날짜   월   일

07 건축가 르 코르뷔지에

☆ 인물 알아보기

어떤 사람인지 생각하며 읽어 보세요.

코르뷔지에는 20세기 현대 건축을 대표하는 뛰어난 건축가예요. 그는 어릴 때부터 자연을 관찰하고 그림 그리는 일을 좋아했어요. 어른이 되어 건축에 관심이 생긴 뒤로는 여러 나라를 여행하며 다양한 건물과 예술 작품을 경험했지요. 그러면서 사람들이 행복하게 사는 집은 어떤 모습일지 고민했고 투명한 유리, 곧은 기둥, 넓은 창문 등을 이용해 밝고 건강한 분위기의 집, 학교, 박물관을 설계했지요. 그의 대표작인 '빌라 사보아'는 곡선 대신 곧은 선을 많이 사용해 깔끔하고 편리한 느낌을 주는 집이에요.

처음에는 그의 디자인이 낯설고 이상하다고 생각한 사람도 있었어요. 하지만 코르뷔지에는 새로운 도전을 멈추지 않았어요. 그 결과, 오늘날 전 세계의 건축가와 디자이너들이 그의 건축물에서 영감을 얻게 되었답니다.

🔍 직업 탐구하기

이 직업에 대해 자세히 알아보세요.

어떤 사람?
건물과 공간을 설계하여 사람들을 위한 아름답고 기능적인 환경을 만들어요.

유명인은?
자하 하디드, 프랭크 로이드 라이트, 안도 다다오, 승효상 등이 유명해요.

건축가

이런 일도 해!
재난을 당한 이웃을 위한 임시 주택, 환경을 살리는 건물, 장애인을 위한 공간을 만드는 일에도 앞장서요.

누구에게 어울릴까?
멋진 건물을 상상하고 즐거운 공간을 만드는 일을 좋아하는 친구에게 추천해요.

건축은 빛과 모양이 어우러지는 멋진 예술이에요.

건축은 공간을 알맞게 정리해서

사람이 편리하게 살 수 있게 해 주지요.

모두에게는 잘 정리된 공간이 필요해요.

코르뷔지에는 그저 멋진 건물이 아니라, 모두가 건강하고 편리하게 살아갈 수 있는 집을 만들려고 했어요. 또 사람들이 도시에서도 자연을 느낄 수 있기를 바랐지요. 평생을 바쳐 모두를 위한 집을 연구한 그의 노력 덕분에 우리는 오늘날 더 편리하고 쾌적한 환경에서 꿈을 키우며 살아갈 수 있게 되었어요.

🖋️ **진로 탐색하기** 이 직업에 대해 생각하며 질문에 답해 보세요.

• 건축가가 된다면, 어떤 독특한 건물을 설계해 보고 싶나요?

• 살고 싶은 집이나 학교의 모습을 떠올려 보세요.

08 패션 디자이너 **스텔라 매카트니**

☆ 인물 알아보기

어떤 사람인지 생각하며 읽어 보세요.

　　스텔라는 환경을 생각하는 멋진 패션 디자이너예요. 그녀는 보기에 예쁜 옷도 중요하지만, 지구를 해쳐서는 안 된다는 마음으로 옷을 만들고 있어요. 보통 옷을 만드는 데에는 동물 가죽이나 털, 그리고 환경에 해로운 물질을 많이 사용해요. 그녀는 이런 방법 대신 자연과 동물을 보호할 수 있는 재료를 사용하는 디자이너로 유명해요.

　　사실 스텔라는 영국의 유명한 밴드 비틀즈의 멤버인 폴 매카트니와 사진작가 린다 매카트니 사이에서 태어났어요. 사람들은 스텔라가 부모님의 덕을 본 거라며 그녀의 능력을 의심했어요. 하지만 그럴수록 스텔라는 스스로 노력해서 독창적이고 탁월한 결과물을 만드는 디자이너로 이름을 알리기 위해 애썼지요. 스텔라는 꿈을 이루기 위해 열심히 공부했고, 26살의 어린 나이로 프랑스의 유명 브랜드 끌로에의 수석디자이너로 임명됐어요.

🔍 직업 탐구하기

이 직업에 대해 자세히 알아보세요.

어떤 사람?
옷, 가방, 신발, 액세서리 등을 디자인하고, 디자인을 통해 회사나 자신의 메시지를 전해요.

유명인은?
코코 샤넬, 크리스티앙 디오르, 지아니 베르사체, 알렉산더 맥퀸, 앙드레김, 이상봉 등이 유명해요.

패션 디자이너

이런 일도 해!
패션쇼 기획과 연출, 친환경 소재 개발, 사회적 메시지를 담은 제품 디자인, 패션 교육 등에도 참여해요.

누구에게 어울릴까?
옷과 스타일에 관심이 많고, 색깔과 모양을 자유롭게 상상하며 자기만의 멋을 만들고 싶은 친구에게 추천해요.

말에 담긴 의미를 떠올리며 따라 써 보세요.

우리의 선택이 미래를 만듭니다.

대체하는 것이 불가능한 자원은 없습니다.

패션이 세상에 해를 끼쳐서는 안 돼요.

나는 사람을 위해 디자인합니다.

스텔라는 패션을 통해 시각적인 아름다움만 추구하는 게 아니라 환경 보호, 지속 가능성, 그리고 창의적인 해결책까지 고민했어요. 동물을 해치거나 환경을 파괴하는 재료가 아닌 친환경 재료를 활용하려고 했지요. 스텔라는 지속 가능한 패션을 만들어 세상에 긍정적인 영향을 끼치는 디자이너랍니다.

이 직업에 대해 생각하며 질문에 답해 보세요.

- 패션 디자이너가 된다면, 세상에 어떤 메시지를 전하고 싶나요?

- 나만의 브랜드 로고를 어떻게 디자인하고 싶나요?

  로고를 그리고, 디자인에 담긴 의미를 써 보세요.

오늘 날짜   월   일

09 학예사(큐레이터) 한스 울리히 오브리스트

☆ 인물 알아보기   어떤 사람인지 생각하며 읽어 보세요.

오브리스트는 전 세계에서 유명한 학예사 중 한 명이에요. 흔히 큐레이터라고도 부르지요. 그는 어릴 때부터 책, 그림, 전시회를 정말 좋아했어요. 하지만 단순히 구경하는 데서 그치지 않았어요. '왜 이런 전시를 만들었을까? 내가 전시를 연다면 어떻게 꾸며 볼까?' 하고 상상하며 새로운 전시를 머릿속으로 그려 보곤 했지요.

20살이 된 오브리스트는 직접 미술관을 찾아가, 작가와 관객이 직접 만나는 특별한 전시를 제안했어요. 그는 미술관뿐 아니라 친구 집, 도서관, 다리 밑, 심지어 기차역에서도 전시회를 열었어요. 예술은 어디에든 있다는 생각을 행동으로 보여 준 것이지요.

오브리스트는 새로운 도전을 두려워하지 않고 늘 세상을 놀라게 했어요. 최근에도 영국의 서펜타인 갤러리와 같은 세계적인 미술관에서 전시를 기획하는 등 예술가들과 함께 미래의 예술에 대해 고민하고 있답니다.

🔍 직업 탐구하기   이 직업에 대해 자세히 알아보세요.

어떤 사람?

예술 작품을 관리하고 전시를 기획해, 사람들에게 널리 알리는 사람이에요.

유명인은?

하랄트 제만, 오쿠이 엔위저, 클레어 비숍, 김선정 등이 유명해요.

학예사 (큐레이터)

이런 일도 해!

예술 소외 지역 아이들을 위한 전시, 장애인을 위한 특별 해설 등을 기획해 모두가 예술을 더 가깝게 느끼게 해요.

누구에게 어울릴까?

예술에 대한 이야기를 나누는 걸 좋아하는 창의적이고 적극적인 친구에게 추천해요.

예술은 사람들의 마음을 움직여요.

하지만 모두가 예술을 가깝게 느끼지는 않지요.

그래서 예술과 사람들을 이어 주는 일이 필요해요.

예술이 재미있으려면 가능성을 열어 두어야 해요.

오브리스트는 누구나 예술을 쉽게 접할 수 있도록 새로운 전시 방식과 교육법을 만들어 냈어요. 우리가 미술관에 전시된 예술 작품의 의미를 쉽게 이해하고 재미있게 느낄 수 있는 건 바로 오브리스트 같은 학예사 덕분이에요. 그는 예술이 모두에게 평등하게 닿기를 바라는 마음으로 노력을 거듭하고 있어요.

🚩 **진로탐색하기**　　이 직업에 대해 생각하며 질문에 답해 보세요.

• 방문객들이 전시를 더 재미있게 감상하게 할 특별한 아이디어가 있나요?

• 어떤 주제로 전시회를 열고 싶은지 상상해 보세요.

오늘 날짜   월   일

10 사진작가 **앙리 카르티에 브레송**

☆ 인물 알아보기   어떤 사람인지 생각하며 읽어 보세요.

브레송은 '결정적인 순간'이라는 말을 남긴, 아주 유명한 프랑스의 사진작가예요. 처음에는 그림에 푹 빠져 있었지만, 20살 무렵 아버지에게 카메라를 선물로 받은 뒤 그의 인생은 달라졌어요.

그는 길거리, 시장, 공원 같은 평범한 일상 속에서 사람들이 자연스럽게 움직이는 순간을 찍는 일에 매력을 느꼈어요. 뛰노는 아이, 바쁜 어른들, 멈춰 선 사람들처럼 '삶의 한 순간'을 포착하는 사진을 즐겨 찍었지요. 브레송은 역사적 장면에서도 찰나의 아름다움, 즉 결정적인 순간을 담으려고 했어요.

브레송의 사진에는 마치 한 편의 영화와 같은 이야기가 담겨 있어요. 전 세계 사람들의 마음을 움직이는 특별한 힘이 있지요. 오늘날에도 그의 작품은 많은 사람들에게 매일 마주하는 모든 순간이 얼마나 소중한지 깨닫게 해 준답니다.

🔍 직업 탐구하기   이 직업에 대해 자세히 알아보세요.

어떤 사람?

카메라로 세상의 모습을 기록해요. 특별한 순간과 사람의 이야기를 사진으로 남겨요.

유명인은?

로버트 카파, 유섭 카쉬, 스티브 맥커리, 애니 레보비츠, 김중만 등이 유명해요.

✦ 사진작가

이런 일도 해!

사진으로 사회 문제를 널리 알려, 세상을 더 나은 곳으로 만드는 데 기여하기도 해요.

누구에게 어울릴까?

세상을 새로운 시각으로 바라보고, 짧은 순간에 감동을 담아내고 싶은 친구에게 추천해요.

처음 찍는 사진은 별로일 수 있어요.

사진은 카메라가 아닌 눈, 마음, 머리로 담아요.

사진으로 남기는 것보다 실제 삶이 더 중요해요.

사진은 순간을 영원히 붙잡는 힘이 있어요.

브레송은 준비된 모습이 아닌, 아주 평범하고 자연스러운 순간에 삶의 진짜 모습이 담겨 있다고 믿었어요. 단 한 장의 사진으로도 큰 감동을 전할 수 있다는 것을 보여 주었지요. 브레송의 삶과 그가 남긴 작품은, 주변을 세심하게 바라보고 소중한 순간을 놓치지 않는 것이 얼마나 중요한지 알려 줘요.

🍀 **진로탐색하기** 이 직업에 대해 생각하며 질문에 답해 보세요.

• 브레송처럼 '결정적인 순간'을 포착하는 사진작가가 된다면 어떤 장면을 가장 먼저 찍고 싶나요? 그 이유도 함께 떠올려 보세요.

11 애니메이터 **미야자키 하야오**

☆ **인물 알아보기**　어떤 사람인지 생각하며 읽어 보세요.

　　미야자키는 일본을 대표하는 세계적인 애니메이터예요. 그는 어릴 때부터 집 근처 비행기 공장에서 비행기의 모습과 움직임을 관찰하며 상상의 세계를 펼치곤 했지요. 대학에서 만화나 애니메이션을 전공하지 않았지만, 그림에 대한 사랑으로 뛰어난 애니메이터가 되었어요.

　　그는 《미래소년 코난》을 시작으로 사람, 자연, 동물을 관찰해 재미있는 캐릭터와 이야기를 만들었답니다. 그 후 《이웃집 토토로》, 《센과 치히로의 행방불명》 같은 작품으로 전 세계 어린이와 어른들에게 사랑받았어요.

　　미야자키는 자연 보호, 생명 존중, 용기, 우정, 가족의 소중함 같은 메시지를 애니메이션에 담으려 노력했어요. 은퇴를 선언했다가도 다시 새로운 작품을 만들며 아이들에게 멋진 꿈과 상상력을 선물하고 있답니다.

🔍 **직업 탐구하기**　이 직업에 대해 자세히 알아보세요.

어떤 사람?
그림을 한 장 한 장 그려서 움직이는 영상, 즉 애니메이션을 만들어요.

유명인은?
월트 디즈니, 브래드 버드, 맷 그레이닝, 윌리엄 해나, 조셉 바베라 등이 유명해요.

이런 일도 해!
특별한 메시지를 전하는 상영회를 여는 등 사회적으로 의미가 있는 일을 할 수 있어요.

누구에게 어울릴까?
나만의 캐릭터가 내 상상 속에서 살아 움직이게 만들고 싶은 친구에게 추천해요.

아이들은 어른들은 모르는

세상의 아픔을 느껴요.

제 영화에는 용감한 여자 주인공이 많아요.

아이들에게 삶의 기쁨을 말해 주고 싶어요.

미야자키는 현실의 어려움 속에서도 용기와 우정을 믿는 이야기를 만들어 사람들에게 희망을 주었어요. 그의 작품에는 자연을 사랑하고 약한 이를 아끼는 캐릭터가 등장하고, 작은 용기가 큰 변화를 만들 수 있다는 따뜻한 메시지가 가득해요. 멋진 세상은 우리의 마음속에서 시작된다는 것을 가르쳐 주지요.

🍀 **진로 탐색하기**　　이 직업에 대해 생각하며 질문에 답해 보세요.

- 애니메이터가 된다면, 어떤 이야기를 애니메이션으로 만들어 보고 싶나요?

- 애니메이션 캐릭터들은 다양한 특징을 가지고 있지요.
어떤 성격과 모습의 캐릭터를 만들고 싶나요?
직접 그려 봐도 좋아요.

오늘 날짜   월   일

12 작가 **한강**

  어떤 사람인지 생각하며 읽어 보세요.

한강은 대한민국의 작가예요. 한강은 어린 시절부터 책 읽기와 글쓰기를 좋아했어요. 대학에서 국어국문학을 공부한 뒤, 시인으로 데뷔했고 곧 소설가가 되었어요.

그녀는 평범한 일상 속 슬픔과 희망을 섬세하고 아름다운 문장으로 그려 낸다는 평가를 받고 있어요. 2016년에는 소설 《채식주의자》로 맨부커 인터내셔널상을 받았고, 2024년에는 우리나라 최초로 노벨 문학상을 수상했어요. 스웨덴 한림원은 그녀의 작품이 '역사적 상처와 인간의 연약함을 드러내는 강렬한 글'이라고 극찬했지요.

그녀는 자연, 가족, 아픔, 치유 같은 주제를 따뜻한 시선으로 담아 낸 작품으로 많은 사람을 위로하고 있어요. 그리고 지금도 글을 쓰고 강연하며 전 세계 독자들과 소통하고 있답니다.

  이 직업에 대해 자세히 알아보세요.

어떤 사람? 자신의 경험과 상상력을 바탕으로 글을 써서 독자에게 감동을 전해요.

유명인은? 조앤 K. 롤링, 생텍쥐페리, 어니스트 헤밍웨이, 박완서, 박경리 등이 유명해요.

이런 일도 해! 독자와 만나는 강연, 글쓰기 수업, 자선 도서 기부 등 다양한 활동을 할 수 있어요.

누구에게 어울릴까? 책 읽기와 쓰기를 좋아하며, 상상력이 풍부한 친구에게 추천해요.

어두운 곳에서 빛을 찾는 것이 바로 쓰는 일이에요.

슬픔과 고독도 누군가를 이해하는 힘이 돼요.

작은 감정도 소중하게 생각하세요.

글은 그런 데서 시작되니까요.

한강의 소설 《채식주의자》, 《소년이 온다》, 《흰》 등은 우리 사회의 아픔과 그것을 치유하는 내용을 담고 있어요. 그녀는 2024년에 노벨 문학상을 받으면서, 아픔을 껴안고도 서로를 위로하고 사랑하며 살아가는 인간의 힘을 세계에 증명해 보였어요. 한강의 삶과 글쓰기는 자신만의 목소리와 꿈, 그리고 따뜻한 마음이 세상을 바꾸는 힘임을 알려 줘요.

🖊️ **진로 탐색하기**   이 직업에 대해 생각하며 질문에 답해 보세요.

- 작가는 글을 통해 자신만의 감정이나 생각을 전달하지요. 작가가 된다면, 글로 표현하고 싶은 감정이나 메시지가 있나요?

- 내가 직접 한 경험 중 소설로 쓰고 싶은 것이 있나요?

엔터테인먼트

오늘 날짜   월   일

13 영화감독 스티븐 스필버그

어떤 사람인지 생각하며 읽어 보세요.

스필버그는 전 세계 사람들에게 사랑받는 수많은 명작을 탄생시킨 영화감독이에요. 어린 시절부터 카메라 뒤에서 꿈을 키웠던 그는 16살 때 첫 단편 영화를 제작했어요. 이후 다양한 장르의 영화를 감독하며, 할리우드의 아이콘이 되었답니다.

그의 대표작은 〈죠스〉, 〈E.T.〉, 〈인디아나 존스〉 시리즈, 〈쥬라기 공원〉, 〈쉰들러 리스트〉 등이에요. 스릴 넘치는 모험 영화부터 뜻깊은 메시지를 담은 역사 영화, 감동적인 드라마까지 다양한 이야기를 감각적으로 그려 냈어요. 1993년에 〈쉰들러 리스트〉로 아카데미 최우수 작품상과 감독상을 동시에 거머쥐며 거장의 반열에 올랐어요.

스필버그는 영화의 기술적 혁신에도 큰 영향을 미쳤어요. 〈쥬라기 공원〉에서 컴퓨터 그래픽으로 구현된 살아 있는 듯한 공룡은 영화사에 큰 획을 그었지요. 그는 사람들의 상상력을 자극하고 감정을 울리는 이야기를 만드는 데 탁월한 재능을 가진 감독이에요.

이 직업에 대해 자세히 알아보세요.

영화의 전체적인 방향을 정하고 이야기를 관객에게 어떻게 전달할지 기획해요.

크리스토퍼 놀란, 마틴 스코세이지, 제임스 카메론, 봉준호, 박찬욱 등이 유명해요.

영화는 배우, 스태프 등 많은 사람들과 함께하는 작업이라 리더의 역할도 해야 해요.

영화로 누군가를 웃고 울게 하고 세상을 더 잘 이해하게 돕고 싶은 친구에게 추천해요.

멋진 생각도 처음에는 어설퍼 보여요.

하지만 계속 노력하면 멋지게 될 수 있어요.

밤에만 꿈을 꾸는 게 아니라 낮에도 꿈을 꿔요.

제가 하는 일이 바로 낮에도 꿈을 꾸는 일이지요.

스필버그는 감독뿐 아니라 뛰어난 제작자이기도 하지요. 그는 1980년대부터 지금까지 영화 산업의 중심에 서 있으며, 여전히 왕성하게 활동하고 있어요. 스필버그는 스크린을 통해 우리에게 꿈과 감동, 깊은 교훈을 전해 주는 현대 영화사의 진정한 거장이랍니다.

📌 **진로 탐색하기** (이 직업에 대해 생각하며 질문에 답해 보세요.

• 영화감독이 된다면, 어떤 종류의 영화를 만들고 싶나요?

• 영화감독은 배우, 촬영팀 등 많은 사람들과 협력해서 영화를 완성해요. 영화감독이 된다면, 어떤 사람들과 함께 일하고 싶나요?

오늘 날짜   월   일

14 배우 **오드리 헵번**

☆ 인물 알아보기 — 어떤 사람인지 생각하며 읽어 보세요.

오드리는 할리우드의 전설적인 배우예요. 그녀는 어린 시절 제2차 세계대전을 겪으며 힘든 시간을 보냈지요. 전쟁으로 음식이 부족하고 밖에 잘 나가지도 못했지만, 오드리는 춤과 예술을 좋아했어요. 전쟁이 끝난 후 발레를 배우며 무용수가 되기를 꿈꿨으나 안타깝게도 몸이 약해 포기해야 했어요. 그러다 연극과 영화에 출연하며 뛰어난 연기력과 따뜻한 마음으로 많은 사람들의 사랑을 받았지요.

오드리는 영화 〈로마의 휴일〉에서 사랑스럽고 솔직한 공주 역할을 맡아 세계적인 스타로 거듭났어요. 이후 〈티파니에서 아침을〉, 〈사브리나〉, 〈마이 페어 레이디〉 등 여러 유명한 영화로 많은 팬을 얻었답니다.

오드리는 연기뿐 아니라 가난한 어린이들을 돕는 유니세프 친선대사로도 활발히 활동했어요. 그녀의 따뜻한 마음과 아름다운 모습은 많은 사람들에게 큰 희망과 용기를 주었어요.

🔍 직업 탐구하기 — 이 직업에 대해 자세히 알아보세요.

영화, 드라마, 연극 등 다양한 매체에서 캐릭터를 생생하게 표현하여 관객에게 감동을 줘요.

찰리 채플린, 로버트 다우니 주니어, 메릴 스트립, 이병헌, 윤여정 등이 유명해요.

약자나 어린이, 환경 보호 등 사회 문제에 관심을 가지며 사람들에게 널리 알리기도 해요.

사람의 감정을 깊이 이해하고 싶어 하거나, 무대에 서서 연기하는 걸 즐기는 친구에게 추천해요.

우리에게는 두 손이 있어요. 한 손은 자신을 돕고,

다른 한 손은 남을 돕기 위한 거예요.

아름다운 눈을 갖고 싶으면 남의 좋은 점을 보세요.

예쁜 입술을 갖고 싶으면 친절한 말을 하세요.

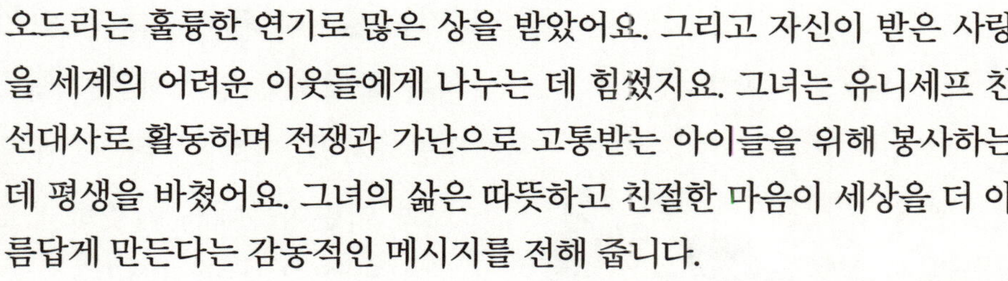

오드리는 훌륭한 연기로 많은 상을 받았어요. 그리고 자신이 받은 사랑을 세계의 어려운 이웃들에게 나누는 데 힘썼지요. 그녀는 유니세프 친선대사로 활동하며 전쟁과 가난으로 고통받는 아이들을 위해 봉사하는 데 평생을 바쳤어요. 그녀의 삶은 따뜻하고 친절한 마음이 세상을 더 아름답게 만든다는 감동적인 메시지를 전해 줍니다.

🚩 **진로 탐색하기** 〈 이 직업에 대해 생각하며 질문에 답해 보세요.

• 배우가 된다면, 특별히 맡아 보고 싶은 역할이 무엇인가요?

• 왜 그런 역할을 하고 싶나요?

• 배우는 다양한 감정과 성격을 표현해요. 배우가 되면 가장 잘 표현할 수 있는 감정은 무엇인가요?

오늘 날짜   월   일

15 요리사 **고든 램지**

☆ **인물 알아보기** 어떤 사람인지 생각하며 읽어 보세요.

램지는 전 세계에서 가장 유명한 요리사 중 한 명이에요. 어릴 적에는 축구 선수가 꿈이었지만, 무릎 부상으로 운동을 포기해야 했어요. 그는 새로운 꿈을 찾아 요리의 길로 들어서게 됐지요.

램지는 설거지부터 하며 차근차근 실력을 쌓았어요. 프랑스의 유명한 요리사들에게 요리를 배우며 열심히 노력했지요. 램지는 엄격하고 꼼꼼한 성격, 그리고 요리에 대한 뜨거운 열정으로 금세 실력을 인정받았어요. 그가 운영하는 레스토랑은 미슐랭 가이드에서 좋은 평가를 받았고, 여러 TV 요리 프로그램을 통해 전 세계 사람들에게 요리하는 즐거움과 음식의 소중함을 알렸어요.

램지는 항상 요리의 재료를 아끼고, 음식 낭비를 줄이자고 강조해요. 화난 모습으로 유명하지만, 사실은 주방에서 일하는 동료와 어린이들에게 따뜻하게 요리를 가르치는 멋진 요리사랍니다.

🔍 **직업 탐구하기** 이 직업에 대해 자세히 알아보세요.

새 요리법을 개발하거나 식당을 운영하고 요리책을 쓰기도 해요.

알랭 뒤카스, 피에르 가니에르, 안 소피 픽, 에드워드 리, 안성재 등이 유명해요.

어린이나 어려운 사람들을 위해 무료로 음식을 만들어 주는 자선 활동도 해요.

내 요리로 다른 사람에게 기쁨을 주고 싶은 친구에게 추천해요.

 말에 담긴 의미를 떠올리며 따라 써 보세요.

요리는 열정이 전부예요.

때로는 아주 뜨거워질 수 있어요.

자신의 한계를 넘어서야,

진짜 성장할 수 있어요.

램지는 끊임없는 노력과 열정으로 세계 최고의 셰프가 되었지요. 방송 출연과 책 집필, 그리고 수많은 레스토랑 운영을 통해 요리의 즐거움을 널리 알렸어요. 음식으로 세상을 더 따뜻하게 만드는 일에도 앞장섰지요. 램지의 삶은 남을 돕고 무엇이든 정성껏 최선을 다하는 것이 훌륭한 요리사의 자질 중 하나라고 가르쳐 준답니다.

 이 직업에 대해 생각하며 질문에 답해 보세요.

- 요리사가 된다면, 어떤 음식을 직접 만들어 보고 싶나요? 새로 개발하고 싶은 메뉴가 있다면 적어 보세요.

- 요리사로서 손님에게 선물하고 싶은 '행복한 장면'을 상상해 보세요.

16 축구 선수 **손흥민**

☆ 인물 알아보기   어떤 사람인지 생각하며 읽어 보세요.

　손흥민은 대한민국을 대표하는 세계적인 축구 선수예요. 초등학교 때부터 축구에 두각을 나타내며 전국 대회에서 뛰어난 활약을 펼쳤지요.

　손흥민은 중학생 때 독일로 축구 유학을 떠났어요. 언어도 문화도 다른 낯선 나라에서 누구보다 열심히 연습하며 꿈을 키웠지요. 피나는 노력 끝에 빠른 발과 강한 슈팅으로 실력을 점점 인정받았어요. 그는 18살에 독일 분데스리가 함부르크에서 프로 데뷔를 했고, 이후 레버쿠젠과 영국 토트넘 홋스퍼 FC를 거쳐 로스앤젤레스 FC로 이적했어요.

　손흥민은 잉글랜드 프리미어리그에서 맹활약하며 아시아 선수 최초로 득점왕에 오르는 등 많은 기록을 세웠어요. 또한 월드컵, 아시안게임, 올림픽 등에서 대한민국의 국가대표로서도 뛰어난 활약을 보여 주었지요. 손흥민은 지치지 않는 투지와 성실함, 동료를 아끼고 배려하는 모습으로 전 세계 축구 팬들에게 큰 사랑을 받고 있답니다.

🔍 직업 탐구하기   이 직업에 대해 자세히 알아보세요.

✦ 축구 선수

어떤 사람?
축구 실력과 팀워크로 경기를 이끌어가는 운동 선수예요.

유명인은?
박지성, 리오넬 메시, 크리스티아누 호날두, 김민재, 황희찬 등이 유명해요.

이런 일도 해!
어린이 축구 교실에서 축구 선수 꿈나무들에게 직접 축구를 가르치기도 해요.

누구에게 어울릴까?
스포츠를 좋아하고, 팀원과 함께 목표를 이루는 기쁨을 느끼고 싶은 친구에게 추천해요.

축구는 혼자 하는 게 아니에요.

팀워크가 가장 중요해요.

노력하지 않으면 꿈도 없어요.

실패해도 다시 일어나는 게 제일 중요해요.

손흥민은 프리미어리그 득점왕이에요. 세계 무대에 우뚝 선 아시아 선수로서 많은 어린이들에게 꿈과 희망을 주었어요. 국가대표로서도 세계 무대에서 변함없는 열정을 보여 주어, 대한민국 국민 모두가 자랑스럽게 여기는 선수랍니다. 꿈을 향해 끊임없이 도전하면 멋진 주인공이 될 수 있다는 소중한 교훈을 알려 줘요.

🚩 **진로 탐색하기** (이 직업에 대해 생각하며 질문에 답해 보세요.

• 유명한 축구 선수가 된다면, 어떤 순간을 가장 경험해 보고 싶나요?

• 축구 선수는 경기력뿐만 아니라 팀워크도 갖춰야 해요. 멋진 팀 분위기를 만들기 위해 어떤 노력을 할 수 있을까요?

오늘 날짜   월   일

17 야구 선수 **박찬호**

☆ 인물 알아보기

어떤 사람인지 생각하며 읽어 보세요.

박찬호는 대한민국이 낳은 세계적인 야구 선수예요. 그는 중학교 때부터 본격적으로 야구를 시작했어요. 고등학생 때는 전국 대회에서 뛰어난 실력을 보여 주어 많은 사람들의 주목을 받았지요. 대학교에 다니던 1994년, 박찬호는 한국인 최초로 미국 메이저리그(MLB) 팀인 로스앤젤레스 다저스에 들어갔어요.

박찬호는 미국 메이저리그에서 오랫동안 활약하며 한국인 선수 중 가장 많은 승리를 거뒀고, 아시아 출신 투수 가운데서 메이저리그 최다 승리 기록을 세웠답니다. 이후 텍사스, 뉴욕, 샌디에이고 등 여러 팀에서 뛰었고, 일본과 한국에서도 프로야구 선수로 활동했어요.

또한 월드베이스볼클래식(WBC) 같은 국제 대회에서도 활약해 한국 야구의 실력을 세계에 알리는 데 큰 역할을 했어요. 지금은 은퇴 후 야구 해설을 하거나, 후배 선수들을 도우며 야구 발전을 위해 힘쓰고 있지요.

🔍 직업 탐구하기

이 직업에 대해 자세히 알아보세요.

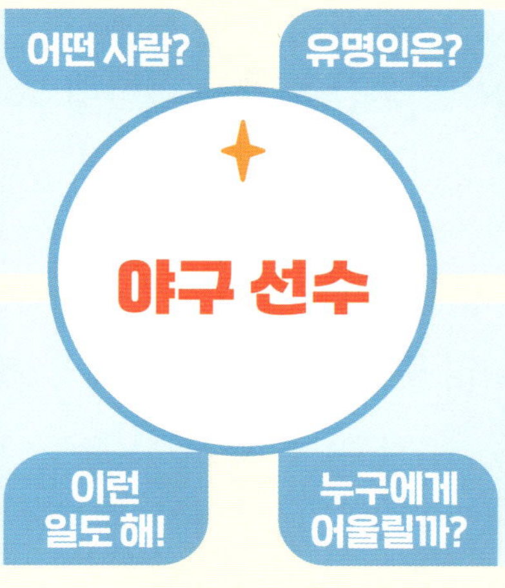

기술과 체력을 바탕으로, 자신이 속한 야구 팀의 승리를 위해 최선을 다해요.

베이브 루스, 재키 로빈슨, 오타니 쇼헤이, 류현진, 김광현, 이정후 등이 유명해요.

자선 경기에 참여해 모은 기부금으로 도움이 필요한 아이들을 돕기도 해요.

운동을 좋아하고 도전 정신, 끈기, 협동심이 강한 친구에게 추천해요.

노력은 절대 배신하지 않아요.

실패는 더 크게 성장할 수 있는 기회예요.

실패와 좌절이 있어도 포기하지 않는 것이

진짜 도전이에요.

박찬호는 한국 선수로서는 처음으로 미국 데이저리그에 도전해 최고의 투수들과 어깨를 나란히 했어요. 한국 야구의 국제적 위상을 크게 높였고, 후배 선수들에게 포기하지 않고 노력하면 누구나 꿈을 이룰 수 있다는 메시지를 남겼어요. 지금도 사회 공헌 활동과 후배 양성으로 선한 영향력을 이어가고 있답니다.

🌟 **진로 탐색하기** 이 직업에 대해 생각하며 질문에 답해 보세요.

• 야구 선수가 된다면, 어떤 포지션(투수, 타자, 포수 등)을 맡고 싶나요?

• 야구 경기에서 이기기 위해 필요한 것은 무엇일까요?

18 농구 선수 **마이클 조던**

⭐ **인물 알아보기**　어떤 사람인지 생각하며 읽어 보세요.

조던은 세계에서 가장 유명한 농구 선수 중 한 명이에요. 조던은 학교 다닐 때는 키가 작고 몸이 왜소하다는 이유로 농구팀에서 떨어진 적도 있었어요. 하지만 포기하지 않고 더 열심히 연습했고, 고등학교와 대학교 농구팀에서 점점 실력을 인정받기 시작했지요.

1984년에는 시카고 불스 팀에 입단해 미국 프로농구(NBA)에서 활약했고, 곧 최고의 선수로 성장했어요. 빠른 속도, 멋진 점프, 정확한 슛으로 수많은 팬들의 사랑을 받으며 소속팀을 여섯 번이나 우승으로 이끌었어요. 또한 여러 차례 최우수 선수상(MVP)을 받았고, 올림픽 금메달도 땄답니다.

경기에서 항상 최선을 다하고 절대 포기하지 않는 모습 때문에 '농구 황제'라는 별명도 생겼어요. 은퇴한 후에는 야구 선수와 사업가로 활동하기도 했지요. 조던은 어린이와 청소년에게 꿈과 용기를 주는 멋진 인물로 기억되고 있어요.

🔍 **직업 탐구하기**　이 직업에 대해 자세히 알아보세요.

농구 선수

어떤 사람?
뛰어난 기량과 체력, 협동심으로 농구 경기에 나가 팬들에게 감동을 줘요.

유명인은?
르브론 제임스, 스테판 커리, 지아니스 아데토쿤보, 코비 브라이언트, 이현중 등이 유명해요.

이런 일도 해!
장애인 스포츠를 후원하는 등 지역 사회 행사나 캠페인에 참여하기도 해요.

누구에게 어울릴까?
팀원들과 손발을 맞추고, 하나의 골대를 향해 함께 나아가는 즐거움을 아는 친구에게 추천해요.

벽을 만나도 포기하지 마세요.

넘거나, 뚫고 지나가고, 돌아갈 방법을 찾으세요.

실패는 받아들이면 돼요. 누구나 실패해요.

그러나 시도조차 안 하면 안 돼요.

조던은 자신의 한계를 넘어 세계 최고의 농구 선수가 되었어요. 여섯 번이나 NBA 우승을 하고 많은 상을 받았답니다. 실패를 두려워하지 않고 열심히 노력한 결과이지요. 뿐만 아니라, 훌륭한 사업가와 사회봉사자로서도 많은 사람들에게 좋은 영향을 주고 있어요.

🏁 **진로 탐색하기**　　이 직업에 대해 생각하며 질문에 답해 보세요.

• 점프, 슛, 패스 등 농구를 잘하기 위해 특별히 더 연습하고 싶은 기술이나 동작이 있나요?

• 여러분이 조던처럼 유명해진다면, 팬에게 어떤 모습을 보여 주고 싶나요?

오늘 날짜   월   일

19 마라토너 **엘리우드 킵초게**

 **⭐ 인물 알아보기** (어떤 사람인지 생각하며 읽어 보세요.

킵초게는 케냐 출신의 아주 뛰어난 마라톤 선수예요. 어릴 때부터 시골길을 달리며 달리기의 즐거움을 깨달았지요. 고등학교 때 케냐 국가대표가 되었고, 2003년 세계 육상 선수권 대회에서 5,000m 금메달을 받으며 이름을 알렸어요.

이후 마라톤에 집중해 2016년과 2020년 올림픽에서 금메달을 땄고, 2019년에는 마라톤을 2시간 이내에 완주하는 엄청난 기록을 세워 세계에서 가장 빠른 마라토너라는 별명을 얻었답니다. 킵초게는 매일 높은 산에서 긴 거리를 달리며 열심히 훈련하고, 몸에 좋은 음식을 먹으며 건강을 지키기 위해 노력해요.

뿐만 아니라, 어린이 도서관을 짓는 등 교육 환경을 개선하는 데도 힘쓰고 있답니다. 킵초게는 뛰어난 실력뿐 아니라 겸손하고 성실한 태도로 많은 사람들에게 감동을 주고 있어요.

🔍 직업 탐구하기 (이 직업에 대해 자세히 알아보세요.

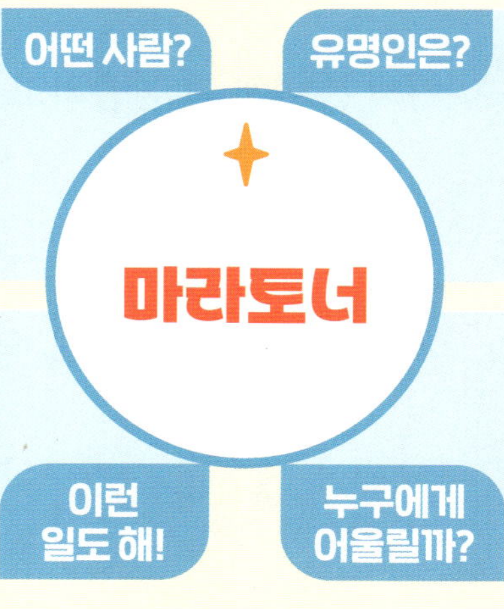

어떤 사람?
자신의 기록과 싸우며 끈기 있게 긴 거리를 달리는 육상 선수예요.

유명인은?
켈빈 킵툼, 캐서린 은데레바, 손기정, 이봉주, 황영조 등이 유명해요.

이런 일도 해!
환경 보호 마라톤 대회에 나가는 등 사회 공헌 활동에도 참여해요.

누구에게 어울릴까?
끈기와 인내심이 강하며, 자신의 한계를 뛰어넘는 도전을 하고 싶은 친구에게 추천해요.

자기를 믿고 다스리는 것이 가장 중요해요.

매일 더 나아질 수 있다는 믿음은 소중해요.

달리기는 단순한 운동이 아니라,

인생 최고의 선생님이에요.

킵초게는 두 번의 올림픽 금메달 획득, 세계 마라톤 대회 연속 우승이라는 엄청난 기록을 세웠어요. 또한 비록 공식 대회는 아니었지만 인류 최초로 마라톤 2시간의 벽을 깨뜨리는 기적을 보여 주며 도전과 용기의 상징이 되었어요. 그는 노력과 인내, 절대 포기하지 않는 태도로 많은 이들에게 용기를 심어 주고 있답니다.

🍀 **진로탐색하기** (이 직업에 대해 생각하며 질문에 답해 보세요.

• 마라토너가 된다면, 어디서 어떤 풍경을 보면서 달리고 싶나요?

• 마라톤을 준비하려면 운동뿐 아니라 음식, 휴식, 마음가짐도 중요해요. 시합 전에 어떤 특별한 준비를 하고 싶나요?

오늘 날짜   월   일

20 스포츠 심판 **짐 조이스**

 **인물 알아보기** (어떤 사람인지 생각하며 읽어 보세요.

　　조이스는 미국에서 가장 존경받는 야구 심판 중 한 명이에요. 1987년 메이저리그(MLB)에서 첫 경기를 맡으며 심판 생활을 시작했답니다. 그는 정확하고 공정한 판정으로 꾸준히 실력을 인정받아 2013년에는 심판팀을 이끄는 크루 치프로 뽑히기도 했어요. 조이스는 월드시리즈나 올스타전 같은 중요한 경기에서도 자주 심판을 맡을 만큼 공정한 판정으로 선수와 관중 모두에게 깊은 신뢰를 얻었지요.

　　2010년, 퍼펙트 게임이 걸린 중요한 경기에서 마지막 판정을 실수한 일이 있었지만 조이스 자신의 실수를 숨기지 않고 선수에게 진심으로 사과하며 진정한 스포츠 정신을 보여 주었어요. 또한 2012년에는 갑자기 쓰러진 관중을 심폐소생술로 살려 내 큰 감동을 주기도 했지요.

　　조이스는 2016년 은퇴할 때까지 약 30년 동안 책임감 있고 따뜻한 마음을 지닌 심판으로 수많은 선수들과 스포츠 팬들에게 깊은 인상을 남겼어요.

 **직업 탐구하기** (이 직업에 대해 자세히 알아보세요.

규칙에 따라 공정하게 판단하여 스포츠 경기가 질서 있게 이루어지도록 도와줘요.

어떤 사람?

유명인은?

피에를루이지 콜리나, 니콜라 리촐리, 김경민 등이 유명해요.

심폐소생술 등 스포츠 안전 교육을 하기도 해요.

이런 일도 해!

누구에게 어울릴까?

공정함을 중요하게 생각하고, 침착하고 책임감 있는 친구에게 추천해요.

 말에 담긴 의미를 떠올리며 따라 써 보세요.

가장 중요한 건 정직함이에요.

실수를 했다면 솔직하게 인정하세요.

실수를 어떻게 책임지고,

실수로부터 무엇을 배우는지가 중요해요.

조이스는 메이저리그에서 수많은 큰 경기를 맡으며 최고의 심판으로 인정받았어요. 그리고 자신의 실수도 솔직하게 인정하는 정직함으로 존경을 받았지요. 뿐만 아니라, 위급한 순간에 한 생명을 구하는 용기를 보여 주기도 했어요. 조이스는 사람들에게 책임감과 용기를 갖고 일하는 자세가 얼마나 중요한지 알려 주었어요.

 이 직업에 대해 생각하며 질문에 답해 보세요.

- 경기 중에 판단하기 어려운 상황이 발생하면, 심판은 어떻게 해야 할까요?

- 선수나 관중이 심판의 판정에 불만을 표현하면, 어떻게 대처해야 할까요?

21 스포츠 에이전트 스캇 보라스

 **인물 알아보기**　　어떤 사람인지 생각하며 읽어 보세요.

　　보라스는 미국 메이저리그에서 운동선수들의 꿈을 이루어 주는 슈퍼 에이전트로 불려요. 그는 어릴 때부터 야구를 무척 좋아해서 대학에서는 야구 선수로 뛰었고, 마이너리그에서 활약했어요. 하지만 안타깝게도 부상 때문에 선수 생활을 오래 하지는 못했어요. 그 대신에 공부에 전념해 약학과 법학을 전공했고, 변호사가 되었지요.

　　야구를 향한 꿈을 포기하지 않았던 보라스는, 운동선수들이 정당한 대우를 받게 돕는 스포츠 에이전트가 되기로 결심했어요. 그때부터 그는 메이저리그 선수들과 계약을 맺으며 운동선수들에게 유리한 조건을 만들어 주는 협상가가 되었답니다.

　　그는 운동선수의 능력과 가치를 꼼꼼하게 분석하고 구단과의 협상에서 절대 지지 않기 때문에, 많은 선수들이 믿고 따르는 스포츠 에이전트로 손꼽히는 인물이 되었어요. 그는 여전히 선수들의 든든한 조력자로 활약하고 있지요.

직업 탐구하기　　이 직업에 대해 자세히 알아보세요.

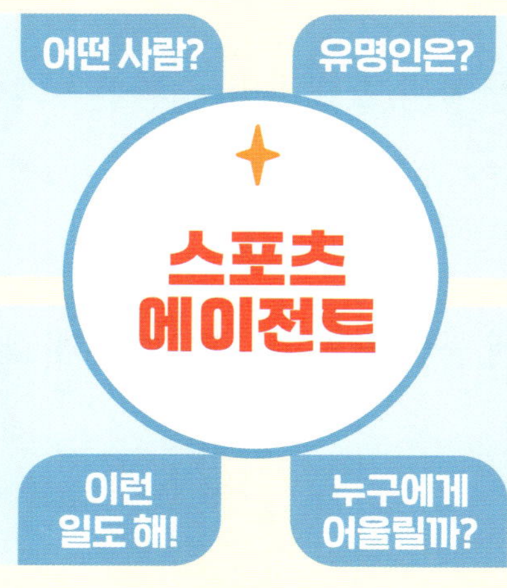

운동선수들이 구단과 좋은 조건으로 계약할 수 있도록 도와줘요.

리치 폴, 조르제 멘데스, 드루 로젠하우스, 이예랑 등이 유명해요.

운동선수의 인권을 보호하고, 은퇴 후 커리어 관리 등을 돕기도 해요.

스포츠를 좋아하고, 협상이나 문제 해결을 즐기는 친구에게 추천해요.

 말에 담긴 의미를 떠올리며 따라 써 보세요.

에이전트는 선수들의 미래를 지켜 줘요.

당장의 성공만 좇지 않고,

다른 사람을 돕다 보면 성공이 따라올 거예요.

목소리를 내는 것을 두려워하지 마세요.

보라스는 수많은 메이저리그 슈퍼스타의 계약을 성공적으로 이끌며 최고액 기록을 여러 번 새로 썼어요. 그는 운동선수들의 권리를 최우선으로 지키는 협상가로서, 스포츠 산업에 큰 변화를 일으켰지요. 운동선수들에게 스스로의 가치를 더 높일 수 있다는 믿음을 심어 주었어요.

 이 직업에 대해 생각하며 질문에 답해 보세요.

• 스포츠 에이전트가 된다면, 어떤 종목의 운동선수를 도와주고 싶나요? 그 이유는 무엇인가요?

• 운동선수에게 지원해 주어야 하는 것 중 무엇이 가장 중요할까요?

22 프로게이머 **이상혁(페이커)**

☆ 인물 알아보기　　어떤 사람인지 생각하며 읽어 보세요.

　　이상혁은 페이커라는 이름으로 더 잘 알려진 프로게이머예요. 그는 중학교 때부터 《리그 오브 레전드(LoL)》라는 게임을 즐기며 꿈을 키웠어요. 고등학생 때는 프로팀 T1(옛 SK 텔레콤 T1)에 입단해 프로게이머가 되었어요.

　　이상혁은 데뷔 첫 해인 2013년에 세계 대회에서 우승하면서 단숨에 최고의 스타로 떠올랐어요. 이후에도 2015년, 2016년, 2023년부터 2025년까지 3년 연속 우승하며 LoL 역사상 가장 많은 세계 대회 우승 기록을 가진 선수가 되었답니다. 침착한 성격, 뛰어난 실력, 그리고 꾸준한 연습으로 오랫동안 세계 최고의 자리를 지키고 있어요.

　　2022년에는 아시안게임 금메달에 이어, 2026년에는 e스포츠 선수 최초로 체육 훈장 최고 등급인 청룡장을 받으며 스포츠 영웅으로 인정받았지요. 이상혁은 항상 겸손하고 팀을 생각하는 모습으로 많은 사람에게 존경을 받고 있어요. 전 세계 어린이와 청소년에게 게임을 하는 일도 멋진 직업이 될 수 있다는 희망을 주는 e스포츠 선수랍니다.

🔍 직업 탐구하기　　이 직업에 대해 자세히 알아보세요.

게임 대회에 출전해 실력을 겨루는 선수예요.

김택용, 문호준, 박령우, 김혁규, 임요환, 홍진호 등이 유명해요.

어린이와 팬들을 위한 강연, 게임 교육, 방송 출연도 할 수 있어요.

게임을 좋아하고, 꾸준히 연습하며 팀원들과 목표를 향해 나아가는 걸 즐기는 친구에게 추천해요.

꾸준함이 가장 중요해요.

오늘보다 내일 조금 더 잘하려고 노력해요.

노력과 끈기로 아주 많은 것을 이룰 수 있답니다.

질 것 같아도, 끝까지 포기하지 않아요.

이상혁은 e스포츠 역사상 처음으로 월드 챔피언 타이틀을 여섯 번이나 거머쥐며, 오랜 시간 세계 정상의 자리를 지켜온 전설적인 프로게이머 예요. 그는 언제나 침착하고 겸손한 태도로 후배와 팬들에게 깊은 인상을 남겼고, 꾸준히 노력하면 누구나 꿈에 가까워질 수 있다는 믿음을 전해 주고 있답니다.

진로 탐색하기 (이 직업에 대해 생각하며 질문에 답해 보세요.

• 프로게이머가 된다면, 어떤 게임을 가장 즐기고 싶나요? 그 이유는 무엇인가요?

• 게임 대회에서 긴장되거나 실수할 때가 있어요. 어떻게 마음을 다스리고 집중할 수 있을지 생각해 보세요.

23 방송 연출가(PD) **나영석**

☆ **인물 알아보기**　　어떤 사람인지 생각하며 읽어 보세요.

　나영석은 대한민국을 대표하는 가장 유명한 예능 연출가 중 한 명이에요. 그는 2001년 KBS에 입사해 《1박 2일》로 국민적인 사랑을 받았으며, 이후 CJ ENM으로 자리를 옮겨 《삼시세끼》, 《꽃보다》 시리즈, 《신서유기》, 《알쓸신잡》 등 많은 사람들에게 사랑받은 인기 프로그램을 만들었지요.

　방송국 소속으로 일하던 그는 현재는 오랜 동료들과 함께 제작사 에그이즈커밍으로 소속을 옮겨 더욱 자유로운 기획을 선보이고 있어요. 특히 유튜브에서 〈채널 십오야〉를 운영하면서 TV와 유튜브를 넘나드는 다양한 형식의 영상 콘텐츠를 시도하며 시청자와 소통하고 있지요.

　나영석은 언제나 새로운 방식으로 끊임없이 도전해 왔어요. 단순히 웃음만 주는 예능을 넘어, 출연자들이 낯선 곳에서 밥을 해 먹거나 소소한 일상을 즐기는 모습을 통해 많은 시청자들에게 일상을 특별하게 바라보는 눈과 창의적인 도전의 즐거움을 전해 주고 있어요.

🔍 **직업 탐구하기**　　이 직업에 대해 자세히 알아보세요.

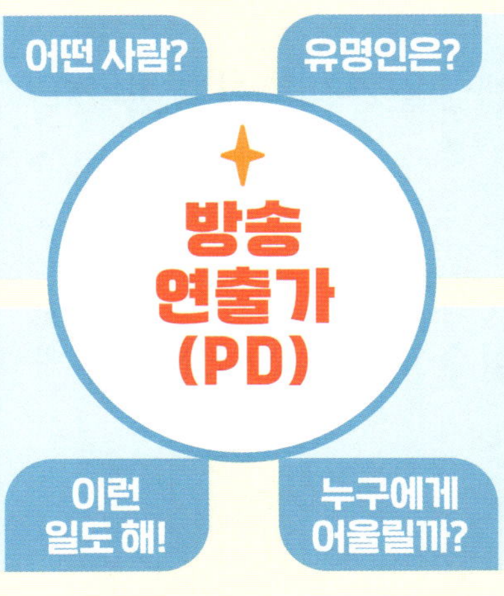

방송 프로그램을 기획하고, 촬영부터 편집까지 모든 과정을 책임져요.

김태호, 신원호, 박경혜, 이상훈, J.J.에이브럼스 등이 유명해요.

예능, 다큐멘터리, 행사 등 다양한 방송 프로그램을 기획해요.

새로운 이야기를 만들고, 사람들을 웃고 놀라게 하는 걸 좋아하는 친구에게 추천해요.

고정 관념을 깨야 새로운 이야기가 나와요.

사람이 제일 재밌고, 사람이 답이에요.

가장 중요한 건 재미입니다.

모두가 즐거우면 시청자도 행복하지요.

나영석은 예능의 새로운 길을 연 사람이라는 평가를 받아요. 꾸준한 도전과 참신한 아이디어로 늘 재미있고 특별한 방송을 기획해 우리나라 방송 문화를 크게 발전시켰어요. 새로운 것을 두려워하지 않고 용기를 내어 도전하면 멋진 프로그램을 만들 수 있다는 희망을 준답니다.

📌 **진로 탐색하기** (이 직업에 대해 생각하며 질문에 답해 보세요.

• 방송 연출가가 된다면, 어떤 프로그램(예능, 다큐멘터리, 드라마 등)을 기획해 보고 싶나요? 그 이유는 무엇인가요?

• 내가 만든 프로그램을 홍보하는 광고 문구를 만들어 보세요.

오늘 날짜   월   일

24 화학자 **마리 퀴리**

⭐ **인물 알아보기** — 어떤 사람인지 생각하며 읽어 보세요.

마리는 세계 과학사에서 아주 중요한 업적을 세운 화학자이자 물리학자예요. 그녀는 어릴 때부터 공부를 무척 좋아했어요. 하지만 마리가 공부하던 19세기 후반, 폴란드에서는 여성이 대학에 갈 수 없었지요. 그래서 가족과 함께 프랑스 파리로 떠났어요. 마리는 파리에서 소르본 대학을 졸업했고, 과학자 피에르 퀴리와 결혼해 함께 연구하기 시작했어요.

마리와 피에르는 방사능이라는 새로운 현상을 발견하고, 세상에 없던 원소인 폴로늄과 라듐을 찾아냈어요. 이 위대한 발견 덕분에 마리는 1903년에 노벨 물리학상을 받았고, 1911년에는 노벨 화학상까지 받아 과학 분야에서 두 번이나 노벨상을 받은 세계 최초의 인물이 되었답니다. 마리는 여성이 과학자가 되는 것이 쉽지 않았던 시대에, 차별에도 굴하지 않고 끝까지 자신의 길을 걸었어요. 인체에 해로운 연구를 하는 바람에 결국 건강이 나빠졌지만, 생애 마지막까지 과학을 사랑하며 헌신했지요.

🔍 **직업 탐구하기** — 이 직업에 대해 자세히 알아보세요.

어떤 사람?
다양한 물질을 연구하고, 새로운 물질을 찾아내거나 만드는 과학자예요.

유명인은?
아메데오 아보가드로, 드미트리 멘델레예프, 앙투안 라부아지에, 라이너스 폴링, 현택환 등이 유명해요.

화학자

이런 일도 해!
의약품 개발, 새로운 에너지 연구 등 세상을 이롭게 하는 다양한 일을 해요.

누구에게 어울릴까?
실험을 좋아하고 새로운 탐구를 즐기며, 궁금한 것이 많은 친구에게 추천해요.

  말에 담긴 의미를 떠올리며 따라 써 보세요.

나는 과학이 정말 아름답다고 생각해요.

삶에서 두려운 것은 아무것도 없어요.

오로지 이해해야 할 것들뿐이에요.

새로운 생각을 더 많이 하세요.

마리는 방사능을 발견하고 새로운 원소를 찾아내서 과학의 발전에 크게 기여했어요. 어려운 환경과 차별 속에서도 끈질기게 연구를 이어가 두 번이나 노벨상을 받는 위대한 과학자가 되었지요. 그녀의 삶은 과학의 힘으로 세상에 희망을 전하는 것이 얼마나 멋진 일인지 보여 줘요.

  이 직업에 대해 생각하며 질문에 답해 보세요.

• 화학자가 되어 꼭 해 보고 싶은 실험이 있나요?

• 화학자가 된다면, 어떤 방법으로 세상을 더 좋게 만들고 싶은지 상상해 보세요.

오늘 날짜   월   일

25 천문학자 **칼 세이건**

☆ 인물 알아보기 어떤 사람인지 생각하며 읽어 보세요.

세이건은 우주를 사랑한 멋진 천문학자예요. 그는 어릴 때부터 별과 행성에 푹 빠져 있었어요. 시카고대학교에서 천문학과 물리학을 공부한 뒤, 코넬대학교에서 교수로 일하며 우주에 대해 연구했지요. NASA의 마리너, 보이저, 바이킹 같은 우주 탐사 프로젝트에도 참여해 다른 행성에서 생명이 살 수 있을지, 외계 생명체가 존재할 수 있을지를 탐구했어요.

세이건은 어려운 과학 이야기를 누구나 쉽게 이해할 수 있도록 설명하는 데에도 아주 뛰어났어요. 그래서 직접 책을 쓰고, TV 프로그램인 《코스모스》를 만들어 전 세계 사람들에게 우주와 과학의 신비를 재미있게 알려 주었답니다.

그의 책과 방송은 인간이 우주에서 얼마나 작은 존재인지, 그리고 왜 자연과 지구를 소중히 여겨야 하는지를 생각하게 해 주었어요. 세이건은 평생 별과 우주를 사랑하며 모두가 과학을 더 가깝게 느끼도록 애쓴 훌륭한 천문학자랍니다.

🔍 직업 탐구하기 이 직업에 대해 자세히 알아보세요.

어떤 사람?

별, 행성, 우주에 대해 연구하며 새로운 사실을 찾아내는 과학자예요.

유명인은?

스티븐 호킹, 에드윈 허블, 윌리엄 허셜, 브라이언 콕스, 윤성철 등이 유명해요.

천문학자

이런 일도 해!

과학 대중 강연을 하거나 책을 집필하고, 우주 탐사 프로젝트에 참여하기도 해요.

누구에게 어울릴까?

별과 우주를 좋아하고, 새로운 것을 탐구하기를 즐기는 친구에게 추천해요.

놀라운 무언가가 발견되기를 기다리고 있어요.

상상력은 우리를 새로운 세계로 데려가 줘요.

과학은 이성적인 학문일 뿐 아니라,

낭만적이고 열정적인 것이기도 해요.

세이건은 평생 우주를 연구하며 외계 생명체의 가능성을 밝히고, 누구나 과학을 쉽게 이해하도록 도왔어요. TV 시리즈 《코스모스》와 여러 책을 통해 전 세계 사람들에게 우주의 아름다움과 과학의 중요성을 전했지요. 그는 많은 사람들에게 우주에 대한 호기심을 지니는 것이 얼마나 중요한지를 알려 주었어요.

- 천문학자가 된다면, 우주에서 무엇을 가장 먼저 연구해 보고 싶나요? 그 이유는 무엇인가요?

- 직접 관찰해 보고 싶은 별, 행성, 우주 현상이 있나요?

오늘 날짜   월   일

26 생명 공학자 **제니퍼 다우드나**

어떤 사람인지 생각하며 읽어 보세요.

다우드나는 현대 생명과학을 크게 발전시킨 미국의 생명 공학자예요. 그녀는 자연과 과학을 아주 좋아하는 어린이였어요. 학교에서는 화학과 생물학을 열심히 공부했고, 나중에는 대학에서 교수로 일하며 인류를 위한 연구를 계속했지요.

다우드나는 프랑스 과학자인 에마뉘엘 샤르팡티에와 함께 'CRISPR-Cas9(크리스퍼 유전자 가위)'라는 특별한 기술을 만들어 냈어요. 이 기술은 생물의 유전자를 정확하게 바꾸는 방법으로 난치병 치료, 식물이나 동물의 유전자 연구, 새로운 약 개발 등 여러 분야에 큰 도움을 주고 있어요. 과학자들은 이 기술이 생명과학의 미래를 바꿨다고 말한답니다. 다우드나는 2020년에 노벨 화학상을 받았고, 타임지가 뽑은 '세계에서 가장 영향력 있는 인물 100인'에도 올랐어요.

지금도 UC 버클리에서 교수로 일하며 젊은 과학자들의 스승으로 존경받고 있답니다.

이 직업에 대해 자세히 알아보세요.

생명체의 유전자와 세포를 연구하고, 의학·농업·환경 등 다양한 분야에 적용해요.

어떤 사람?

유명인은?

에마뉘엘 샤르팡티에, 크레이그 벤터, 로잘린드 프랭클린, 한문희 등이 유명해요.

생명 공학자

유전자 치료 임상 실험이나 신약 개발을 진행하고, 생명윤리 캠페인을 벌여요.

이런 일도 해!

누구에게 어울릴까?

생명에 관심이 많고, 새로운 치료법 발견에 도전하고 싶은 친구에게 추천해요.

> 과학은 놀라움과 실패로 가득한 여정이에요.
>
> 모든 실패는 새로운 것을 배울 수 있는 기회예요.
>
> 크고 멋진 꿈을 꾸세요.
>
> 해 보기 전에는 얼마나 멀리 갈지 몰라요.

다우드나는 혁신적인 연구와 과학을 향한 끝없는 도전정신으로 새로운 분야를 개척했고, 지금도 생명과학의 윤리와 발전을 위한 목소리를 내고 있어요. 그녀는 과학의 힘으로 인류의 삶을 크게 개선할 수 있다는 믿음을 세상에 보여 주는 과학자랍니다.

📌 **진로 탐색하기**　이 직업에 대해 생각하며 질문에 답해 보세요.

- 생명 공학자가 된다면, 어떤 동물이나 식물을 연구해 보고 싶나요?

- 생명 공학 기술은 사람의 건강, 식량, 환경 오염 문제를 해결하는 데 도움이 돼요. 생명 공학 기술로 해결하고 싶은 문제나, 세상에 도움이 되고 싶은 점이 있나요?

오늘 날짜   월   일

27 인공지능 연구원 앤드류 응

☆ **인물 알아보기** 어떤 사람인지 생각하며 읽어 보세요.

앤드류는 영향력 있는 인공지능(AI) 전문가예요. 미국 카네기멜론대학교와 UC버클리에서 공부한 뒤, 세계적인 명문인 스탠퍼드대학교에서 교수로 일하며 인공지능을 연구했어요.

그는 누구나 인공지능 기술을 쉽게 배울 수 있기를 바랐어요. 특히 그가 만든 온라인 강의 '머신러닝'은 전 세계 수많은 사람들이 듣고 공부할 만큼 인기가 많았어요. 또, 앤드류는 구글에서 딥러닝 같은 인공지능 기술을 연구했어요. 중국의 대형 IT 기업 바이두에서는 인공지능 최고 책임자로 일하며 새로운 기술을 개발하기도 했지요. 그뿐만 아니라 '코세라'라는 세계 최대 무료 온라인 강의 플랫폼을 만들어 누구나 언제 어디서든 공부할 수 있도록 도왔어요.

앤드류는 지금도 학생들을 가르치며, 인공지능이 사람들에게 도움이 되는 방향으로 발전하도록 열심히 연구하고 있답니다.

🔍 **직업 탐구하기** 이 직업에 대해 자세히 알아보세요.

인공지능 연구원

어떤 사람?
컴퓨터를 학습시키고, 여러 AI 기술을 개발하는 과학자예요.

유명인은?
제프리 힌턴, 얀 르쿤, 요슈아 벤지오, 데미스 하사비스, 조경현 등이 유명해요.

이런 일도 해!
AI 온라인 강의를 제작하거나 책을 집필하기도 해요.

누구에게 어울릴까?
새로운 기술에 관심이 많고, 창의적으로 문제를 해결하는 친구에게 추천해요.

말에 담긴 의미를 떠올리며 따라 써 보세요.

요즘 세상은 빠르게 변해요.

호기심으로 미래를 바꿔 나갈 수 있어요.

배를 저어야 앞으로 나아가듯,

배우는 것을 멈추면 뒤로 밀려날 거예요.

앤드류는 누구나 인공지능을 배울 수 있도록 온라인 교육 플랫폼을 만들었어요. 인공지능 기술이 세상을 더 편리하고 공평하게 만드는 데 쓰일 수 있도록 앞장서 왔지요. 교육과 연구를 통해 과학이 모두의 미래에 도움이 될 수 있다는 것을 몸소 보여 준, 인공지능 시대의 좋은 롤모델이랍니다.

이 직업에 대해 생각하며 질문에 답해 보세요.

• 인공지능 연구원이 된다면, 어떤 문제를 인공지능으로 해결해 보고 싶나요?

• 다른 직업 분야에서 인공지능을 어떻게 활용할 수 있을까요?

28 환경 과학자 **제임스 러브록**

  어떤 사람인지 생각하며 읽어 보세요.

러브록은 영국의 유명한 환경 과학자예요. 그는 어릴 때부터 식물, 바람, 날씨 같은 자연 현상에 큰 관심을 가졌어요. 대학에서는 화학과 의학을 공부했고, 과학자가 되어 지구를 지키고 사람들이 건강하게 살 수 있는 방법을 연구했지요.

그는 가이아 이론을 발표했어요. 가이아 이론은 지구 전체가 하나의 살아 있는 생명체처럼 움직인다는 내용이에요. 땅, 바다, 공기, 동식물이 서로 연결되어 지구를 함께 지키고 살아간다는 의미이지요.

러브록은 NASA의 우주 탐사 프로젝트에 참여해 화성에 생명체가 있는지를 연구하기도 했어요. 또, 오존층 파괴와 대기 오염 같은 환경 문제의 심각성을 일찍부터 경고했지요.

그는 100살이 넘을 때까지 책을 쓰고 강연을 하며 사람들에게 지구를 소중히 여겨야 한다는 메시지를 전했답니다.

  이 직업에 대해 자세히 알아보세요.

어떤 사람?

지구의 대기, 바다, 생물 등에 대해 연구하고 자연을 지키는 방법을 찾는 과학자예요.

유명인은?

레이첼 카슨, 수잔 솔로몬, 찰스 데이비드 킬링, 마나베 슈쿠로 등이 유명해요.

환경 과학자

이런 일도 해!

지역 환경 교육, 기후 위기 캠페인, 환경 정책 자문 등 다양한 활동을 해요.

누구에게 어울릴까?

동물과 식물에 관심이 많으며, 지구를 깨끗하게 지키고 싶은 친구에게 추천해요.

지구 위 모든 생명은 하나의 살아 있는 존재예요.

지구가 살아 있다는 사실을 항상 기억하세요.

우리는 우리 행동에 반응하는,

살아 있는 지구 위에 산답니다.

러브록은 누구보다도 자연을 아끼고 사랑했던 과학자로, 오늘날에도 환경을 생각하는 마음이 왜 중요한지를 알려 주는 멋진 인물이에요. 그는 우리가 자연을 돌보지 않으면 큰 위기가 올 수 있다고 경고했답니다. 지금도 많은 사람들이 그의 말을 기억하며 지구를 지키기 위한 노력을 이어가고 있어요.

🖊️ **진로 탐색하기**   이 직업에 대해 생각하며 질문에 답해 보세요.

- 환경 과학자가 된다면, 지구의 어떤 문제를 가장 먼저 연구해 보고 싶나요?

- 지구를 위해 바꾸고 싶은 습관이나, 지키고 싶은 환경 보호 방법이 있다면 써 보세요.

29 로봇 공학자 **데니스 홍**

☆ **인물 알아보기**　　어떤 사람인지 생각하며 읽어 보세요.

　　데니스는 한국계 미국인 로봇 공학자예요. 그는 어릴 때부터 기계나 장난감을 분해하고 만드는 데 관심이 많았어요. 대학에서 기계 공학을 전공하면서 로봇에 푹 빠지게 되었지요. 미국 퍼듀대학교를 거쳐 현재 UCLA 로봇 연구소인 '로멜라(RoMeLa)'를 이끄는 세계적인 로봇 공학자로 일하고 있어요.

　　데니스는 걷고 춤추는 로봇부터 시각장애인을 위한 자동차, 재난 구조 로봇 '토리' 등 세상에 도움이 되는 다양한 로봇을 발명했어요. 그는 로봇을 만드는 과정에서 어려움이 있더라도 포기하지 않았고, 기발한 아이디어로 많은 사람들에게 로봇 연구의 즐거움을 알렸지요.

　　로봇 경진대회에서 세계 1위를 차지하기도 했고, 세계 곳곳을 돌아다니며 강연과 TV 프로그램에도 출연해 많은 어린이들에게 로봇 공학자의 꿈을 심어 주고 있답니다.

🔍 **직업 탐구하기**　　이 직업에 대해 자세히 알아보세요.

어떤 사람?
사람이 하는 일을 할 수 있는 로봇을 만들고, 그 움직임을 연구해요.

유명인은?
로드니 브룩스, 공경철, 신경철, 마크 레이버트 등이 유명해요.

로봇 공학자

이런 일도 해!
장애인 돕기, 재난 구조, 우주 개발 등 사회에 도움이 되는 프로젝트도 해요.

누구에게 어울릴까?
기계를 좋아하고 상상력이 풍부하며, 새로운 아이디어가 많은 친구에게 추천해요.

  말에 담긴 의미를 떠올리며 따라 써 보세요.

저는 상상력이 지식보다 더 중요하다고 믿어요.

지식은 한계가 있지만, 상상력은 무한하거든요.

실패는 새로운 기술을 개발하는 과정에서 거치는

하나의 디딤돌일 뿐이에요.

데니스는 실패해도 다시 일어서는 사람이에요. 또한 기존의 틀에서 벗어나 누구도 생각하지 못한 길을 걷는 사람이지요. 그는 로봇 연구를 하면서 수천 번이나 실패를 겪었지만 끊임없이 새로운 시도를 했어요. 그에게 실패는 부끄러운 일이 아니라, 더 멋진 로봇을 만들 수 있게 도와주는 소중한 기회였어요.

  이 직업에 대해 생각하며 질문에 답해 보세요.

• 어떤 일을 하는 로봇을 만들어 보고 싶나요?

• 그 로봇은 사람들에게 어떤 도움을 줄까요?

• 로봇은 학교, 병원, 집 등 여러 곳에서 쓰일 수 있어요. 로봇이 가장 필요하다고 생각하는 곳은 어디인가요?

30 항공기 조종사 **어밀리아 에어하트**

☆ **인물 알아보기** 어떤 사람인지 생각하며 읽어 보세요.

에어하트는 하늘로 날아오르기를 꿈꾸던 항공기 조종사예요. 어릴 때부터 용감한 성격이었고 높은 곳에 올라가는 것을 좋아했어요. 비행기를 처음 본 날부터 언젠가는 하늘을 날고 싶다는 꿈을 키웠지요. 여러 아르바이트를 하며 비행 연습비를 직접 마련해 항공기 조종사가 되었어요.

1928년에는 대서양을 건너 비행한 첫 여성 조종사로 이름을 올렸고, 1932년에는 혼자서 대서양을 단독 횡단한 세계 최초의 여성이라는 기록을 세웠어요. 이 후에도 멈추지 않고 여러 비행 기록을 세우며, 여성의 도전과 자유를 상징하는 인물이 되었어요.

1937년에는 세계 일주 비행에 도전했지만, 안타깝게도 태평양에서 실종되고 말았어요. 비록 마지막 목표를 이루지는 못했지만 에어하트는 위험을 기꺼이 감수하고 도전하는 멋진 용기를 보여 준 조종사였어요.

🔍 **직업 탐구하기** 이 직업에 대해 자세히 알아보세요.

어떤 사람?
비행기를 조종하여 하늘을 날고, 사람과 화물을 운송해요.

유명인은?
찰스 린드버그, 더글러스 베이더, 척 예거, 권기옥 등이 유명해요.

항공기 조종사

이런 일도 해!
항공 안전교육을 시키거나, 비상 구조 활동을 벌이기도 해요.

누구에게 어울릴까?
비행기와 하늘에 관심이 많고, 책임감이 강한 친구에게 추천해요.

> 할 수 없다고 생각한 일을 누군가 해내고 있다면,
>
> 방해하지 마세요.
>
> 모험은 그것만으로 값진 경험이에요.
>
> 마음만 있다면 누구나 바다 위를 날 수 있답니다.

에어하트의 삶은 한계를 넘어서는 도전의 연속이었어요. 그녀는 자신의 꿈을 향해 도전하며, 여성도 남성과 같이 항공기 조종사의 꿈을 꿀 수 있다는 것을 보여 줬어요. 거친 폭풍우, 낯선 항로도 두려워하지 않고 언제나 새로운 길을 찾기 위해 노력했지요. 그녀는 자신이 도전한 흔적이 다른 사람들에게 희망으로 전달되기를 바랐답니다.

🚩 **진로 탐색하기** 이 직업에 대해 생각하며 질문에 답해 보세요.

• 항공기 조종사가 된다면, 어떤 나라나 장소로 날아가 보고 싶나요?

• 항공사 조종사가 되기 위해 배우고 싶은 기술이 있나요?

오늘 날짜　　　월　　　일

31 우주 비행사 **이소연**

☆ **인물 알아보기**　어떤 사람인지 생각하며 읽어 보세요.

　　이소연은 대한민국 최초의 우주 비행사예요. 그녀는 어릴 때부터 별과 우주를 바라보는 걸 좋아했어요. 과학에 큰 관심이 있어 부산과학고등학교를 졸업하고, 대학에서는 기계공학과 생명공학을 공부했지요.

　　2006년, 이소연은 한국 최초의 우주인 선발 프로젝트에 참가해 수많은 경쟁자를 제치고 우주 비행사로 뽑혔어요. 그리고 1년 넘게 고된 우주인 훈련을 받은 뒤 2008년, 러시아의 소유즈 우주선을 타고 국제우주정거장(ISS)에 올라 11일 동안 머물며 다양한 과학 실험과 임무를 수행했답니다.

　　그녀는 우주에서 식물이 자라는 방법, 미생물과 한국 음식의 변화 등 여러 흥미로운 실험을 진행했어요. 우주 비행을 마치고 지구를 돌아온 뒤에도, 그녀는 자신이 보고 느낀 우주 이야기를 나누며 수많은 어린이들에게 꿈을 심어 주었어요. 그녀의 열정은 사람들에게 도전 앞에서 포기하지 않는 자세가 얼마나 값진지 가르쳐 주었답니다.

🔍 **직업 탐구하기**　이 직업에 대해 자세히 알아보세요.

어떤 사람?　우주선을 타고 우주정거장 등에서 다양한 임무를 수행해요.

유명인은?　유리 가가린, 닐 암스트롱, 크리스 해드필드, 페기 윗슨 등이 유명해요.

이런 일도 해!　우주에 대한 강연을 하며 우주 과학 대중화 활동 등에 힘 쓰기도 해요.

누구에게 어울릴까?　밤하늘의 별을 보며 우주 너머를 궁금해하는 호기심 대장친구에게 추천해요.

도전하는 사람만이 꿈을 이룰 수 있어요.

나도 할 수 있다는 마음이 있으면,

누구든 우주 비행사가 될 수 있어요.

할 수 있을지 고민하지 말고 우선 도전해 보세요.

이소연은 자신의 꿈을 따라 우주의 문을 두드렸고, 직접 우주를 경험하며 한계는 마음이 만드는 것이라는 메시지를 세상에 보여 주었어요. 현재는 미국에서 연구와 자문 활동을 이어가며, 미래의 우주 과학 꿈나무들에게 커다란 희망을 전하고 있답니다.

🚩 **진로 탐색하기** 〉 이 직업에 대해 생각하며 질문에 답해 보세요.

• 우주에서 해 보고 싶은 실험이 있나요?

• 우주 비행사는 지구와 아주 다른 환경에서 생활해야 해요. 우주에 간다면 무엇이 가장 신기하고, 어떤 점이 어려울까요?

오늘 날짜   월   일

32 컴퓨터 프로그래머 **빌 게이츠**

☆ **인물 알아보기**   어떤 사람인지 생각하며 읽어 보세요.

　빌은 컴퓨터로 세상을 바꾼 프로그래머이자 세계적인 기업가예요. 어릴 때부터 컴퓨터에 관심이 많았던 그는 친구 폴 앨런과 함께 1975년에 마이크로소프트라는 회사를 세워 개인용 컴퓨터 시대를 활짝 열었어요.

　그가 만든 '윈도우' 프로그램은 전 세계 사람들이 컴퓨터를 쉽고 편리하게 쓰도록 도와주었어요. 그는 마이크로소프트를 세계에서 가장 큰 소프트웨어 회사로 만들었지요. 은퇴한 뒤로는 '빌&멜린다 게이츠 재단'을 만들어 학교에 다니기 어려운 아이들을 돕는 등 자신이 번 돈을 가치 있는 곳에 쓰기로 결심했어요.

　특히 요즘은 기후 위기를 해결하고 인공지능이 사람들에게 도움이 되도록 연구하는 일에 집중하고 있답니다. 배움을 멈추지 않는 그의 호기심과 세상을 더 좋게 만들려는 따뜻한 마음은 전 세계인에게 큰 감동을 주고 있어요.

🔍 **직업 탐구하기**   이 직업에 대해 자세히 알아보세요.

어떤 사람?

컴퓨터가 다양한 일을 할 수 있도록 프로그램을 만들고, 문제를 해결해요.

유명인은?

폴 앨런, 그레이스 호퍼, 마가렛 해밀턴, 리누스 토르발스 등이 유명해요.

컴퓨터 프로그래머

이런 일도 해!

해킹 방지, 인공지능 개발, 사회 문제 해결 프로젝트 등 다양한 분야에서 활약해요.

누구에게 어울릴까?

논리적으로 문제를 해결하는 것을 좋아하는 친구에게 추천해요.

> 세상 그 누구와도 자신을 비교하지 마세요.
>
> 그건 자신을 힘들게 만드는 길이에요.
>
> 사람들은 2년 후의 변화는 너무 크게 생각하고,
>
> 10년 후의 큰 변화는 너무 작게 여기곤 해요.

빌은 자신의 지식과 재산을 다른 사람들에게 나누면서, 기술 발전이 모두를 더 행복하게 만들 수 있다는 것을 보여 주었어요. 멈추지 않는 호기심과 배움에 대한 의지를 세상에 좋은 영향을 주는 방향으로 발전시킨 것이지요. 빌은 도전 의식이 넘치는 컴퓨터 프로그래머이자 기업가랍니다.

🚩 **진로 탐색하기** 〉 이 직업에 대해 생각하며 질문에 답해 보세요.

• 만들어 보고 싶은 프로그램이나 게임, 앱이 있나요?

• 가족이나 친구에게 세상에 딱 하나 뿐인 앱을 선물한다면, 어떤 기능을 넣고 싶나요?

의료·복지·교육

오늘 날짜 월 일

33 간호사 플로렌스 나이팅게일

인물 알아보기

어떤 사람인지 생각하며 읽어 보세요.

나이팅게일은 간호사의 어머니라고 불리는 위대한 간호사예요. 나이팅게일은 어려서부터 남을 돕는 일을 좋아했어요. 당시에는 여성이 병원에서 일하는 것을 특이하게 여겼지만, 그녀는 간호사가 되려는 꿈을 포기하지 않았어요.

1854년 크림 전쟁 때, 그녀와 여러 간호사들은 군인들을 돌보러 전쟁터의 병원으로 갔어요. 전쟁터의 병원은 매우 지저분했고, 환자들이 제대로 된 치료를 받기 어려운 환경이었지요. 나이팅게일은 밤 늦게까지 등불을 들고 병실을 돌며 환자들을 보살폈어요. 그래서 등불을 든 천사라는 별명도 얻었지요. 그녀의 노력으로 많은 병사들이 건강을 회복했어요.

나이팅게일은 전쟁이 끝난 뒤에도 간호 교육을 하며 간호사가 얼마나 중요한 역할을 하는지 널리 알렸어요. 오늘날 간호사들은 그녀에 대한 존경심을 담아, 나이팅게일 선서를 하며 간호사로서의 마음가짐을 다짐한답니다.

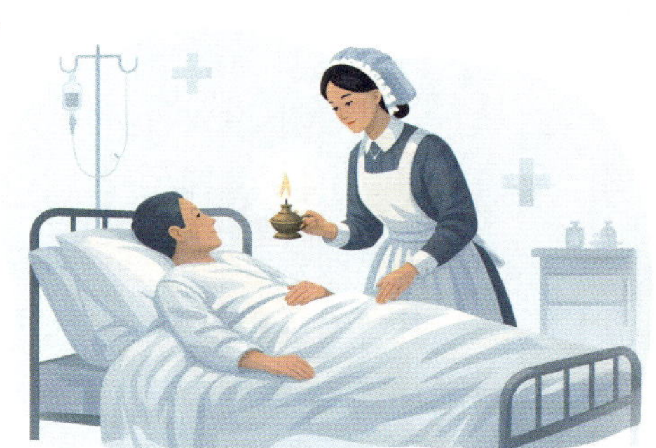

직업 탐구하기

이 직업에 대해 자세히 알아보세요.

간호사

어떤 사람?
의료 전문 지식으로 아픈 사람을 돌보며 치료를 돕는 사람이에요.

유명인은?
메리 시콜, 에스더 쉴즈, 클라라 바턴, 이정애, 이효정, 남상옥 등이 유명해요.

이런 일도 해!
보건 교육, 건강 상담, 예방 접종, 해외 의료봉사 등 다양한 일을 해요.

누구에게 어울릴까?
책임감을 가지고 환자를 보살필 수 있는 친구에게 추천해요.

말에 담긴 의미를 떠올리며 따라 써 보세요.

스스로를 완벽한 간호사라고 생각하지 마세요.

우리는 모두 평생 배워야 합니다.

해변에 서서 가만히 있느니, 열 번 물결 속에서

죽더라도 새로운 세상으로 가는 길을 열겠어요.

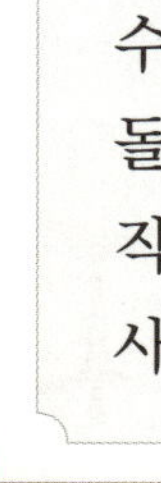

나이팅게일의 삶은 남을 돕는 따뜻한 마음이 세상을 얼마나 크게 바꿀 수 있는지 보여 줘요. 그녀는 힘든 환경 속에서도 책임감 있게 환자들을 돌보았어요. 그녀의 헌신 덕분에 간호사는 모두가 존경하는 전문적인 직업으로 인정받게 되었지요. 나이팅게일의 이야기는 한 사람의 헌신과 사랑이 세상을 밝게 비출 수 있다는 것을 알려 줘요.

이 직업에 대해 생각하며 질문에 답해 보세요.

- 간호사가 된다면, 환자들에게 어떻게 힘이 되어 주고 싶나요?

- 병원에서는 다양한 사람들이 함께 일해요. 여러분이 간호사가 된다면 의사, 다른 간호사, 환자들과 잘 지내기 위해 어떤 노력을 해야 할까요?

34 의사 폴 파머

☆ 인물 알아보기 — 어떤 사람인지 생각하며 읽어 보세요.

　폴은 가난한 이웃을 위해 평생을 바친 의사예요. 폴은 어려서부터 책 읽기와 공부를 좋아했어요. 대학에서는 인류학과 의학을 함께 배우며 가난 때문에 제대로 치료받지 못하는 사람들이 있다는 것을 알게 되었어요. 그리고 누구나 건강하게 살 권리가 있다는 믿음을 갖게 되었지요.

　폴은 친구들과 함께 '파트너스 인 헬스(Partners In Health)'라는 단체를 만들어, 아이티와 아프리카 같은 가난한 지역에서 직접 환자들을 치료하고 병원도 세웠어요. 약도 부족하고 의료 장비도 낡은 곳이었지만, 그는 절대 포기하지 않고 끝까지 환자 곁을 지켰어요.

　폴은 하버드대학교 의대 교수로 일하면서도 늘 현장에 나가 환자를 돌보고, 많은 의사와 학생들에게 가난하고 아픈 사람을 절대 외면하지 않는 의사가 되어야 한다고 강조했어요. 폴은 2022년에 세상을 떠났지만, 그가 환자들을 대한 따뜻한 마음은 지금도 많은 사람들에게 사랑과 용기를 전하고 있어요.

🔍 직업 탐구하기 — 이 직업에 대해 자세히 알아보세요.

어떤 사람?
아픈 사람을 진료하고 치료하여 건강을 지켜 주는 일을 해요.

유명인은?
이국종, 마이클 드베이키, 데니스 무퀘게, 마거릿 챈 등이 유명해요.

의사

이런 일도 해!
해외 의료 봉사, 건강 교육, 긴급 구호 등 다양한 사회적 활동을 해요.

누구에게 어울릴까?
긴 시간의 공부와 훈련을 버틸 끈기가 있는 친구에게 추천해요.

말에 담긴 의미를 떠올리며 따라 써 보세요.

> 혼자 세상을 구할 수는 없지만,
>
> 누구든 한 사람을 도울 수 있어요.
>
> 누군가의 삶이 덜 소중하다고 생각하는 것이,
>
> 세상 모든 문제의 시작이에요.

폴은 훌륭한 의사는 기술과 지식을 갖춰야 할 뿐 아니라, 사람을 깊이 사랑하는 따뜻한 마음이 필요하다는 것을 보여 줘요. 그는 한 사람, 한 사람의 아픔을 소중히 여겼어요. 또 누구나 건강하게 살 수 있어야 한다는 믿음으로 아픈 사람들을 힘껏 도우며, 사랑과 나눔으로 세상을 바꾸려 했답니다.

이 직업에 대해 생각하며 질문에 답해 보세요.

- 의사가 된다면, 어떤 지역이나 나라에서 일해 보고 싶나요? 그곳에서 어떤 환자들을 만나게 될까요?

- 미래에는 의사가 하는 일이 달라질 수도 있어요. 여러분이 꿈꾸는 미래의 의사는 어떤 모습인가요?

35 수의사 **제임스 헤리엇**

☆ 인물 알아보기   어떤 사람인지 생각하며 읽어 보세요.

헤리엇은 동물들과 마음을 나누는 따뜻한 수의사예요. 그는 어릴 때부터 동물을 무척 좋아했어요. 대학에서 수의학을 공부한 뒤, 스코틀랜드의 작은 시골 마을에서 수의사로 일하기 시작했지요.

헤리엇은 큰 병원에서 일하지 않고, 마을과 농장을 직접 찾아다녔어요. 그곳의 아픈 소, 양, 개, 고양이 같은 여러 동물을 정성껏 돌봤지요. 동물뿐 아니라 그 주인들의 걱정도 함께 나누었답니다.

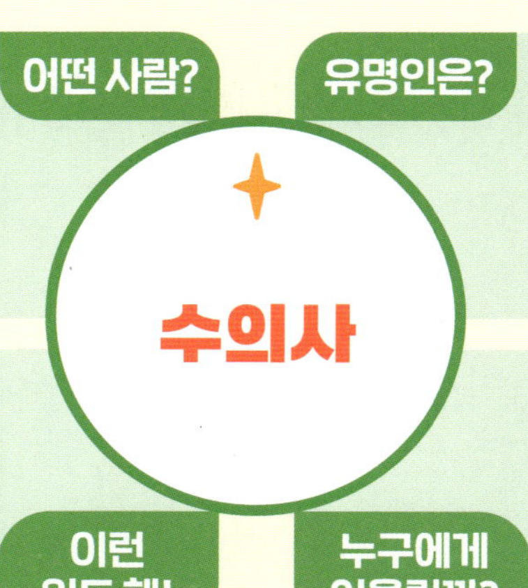

그는 수의사로서 겪은 여러 감동적인 이야기들을 책에 담아 큰 사랑을 받았어요. 대표작인 《세상의 모든 크고 작은 생명들(All Creatures Great and Small)》은 전 세계 사람들에게 동물의 소중함과 생명의 아름다움을 전해 주었지요. 헤리엇은 힘들고 바쁜 생활 속에서도 웃음을 잃지 않고 도움이 필요한 곳에 발 벗고 나섰어요. 그는 동물에 대한 깊은 애정과 따뜻한 마음으로 지금도 많은 사람들의 기억 속에 남아 있는 특별한 수의사예요.

🔍 직업 탐구하기   이 직업에 대해 자세히 알아보세요.

어떤 사람?
동물의 건강을 돌보고 치료하는 일을 해요.

유명인은?
클로드 부르젤라, 대니엘 샐먼 등이 유명해요.

수의사

이런 일도 해!
반려동물 진료뿐 아니라 야생동물 구조, 동물 보호 캠페인 등 다양한 일을 해요.

누구에게 어울릴까?
동물을 좋아하고 생명을 소중히 여기는 친구에게 추천해요.

동물은 질문하지도, 비판하지도 않는 좋은 친구예요.

동물은 사람보다 멋진 영혼을 가졌을지도 몰라요.

수의사가 되려면 마음을 활짝 열 준비도 해야 해요.

매일이 다르고 신나는 도전이 될 거예요.

헤리엇은 동물과 사람 모두를 따뜻하게 품으려는 진심을 지녔어요. 그는 그저 아픈 동물을 고쳐 주는 것에 그치지 않고 동물과 사람 사이의 다리가 되어 주는 것이 진짜 수의사의 모습이라는 걸 몸소 보여 주었어요. 그의 동물을 향한 사랑은 우리의 삶이 서로를 아끼는 마음으로 더 아름다워질 수 있다는 것을 알려 주지요.

🚩 **진로 탐색하기** 이 직업에 대해 생각하며 질문에 답해 보세요.

- 수의사가 되어 멸종 위기에 처한 동물을 치료하거나 돌보게 된다면, 어떤 동물을 어떻게 돕고 싶나요?

- 수의사는 동물과 사람이 더 잘 지낼 수 있도록 돕기도 해요. 사람과 동물이 함께 행복해질 수 있는 아이디어를 떠올려 보세요.

오늘 날짜   월   일

36 교육자 **마리아 몬테소리**

★ **인물 알아보기**   어떤 사람인지 생각하며 읽어 보세요.

　몬테소리는 교육의 새로운 길을 연 위대한 교육자예요. 1870년에 태어나 당시 여성으로서는 드물게 의사가 되었지만, 진정으로 사랑한 일은 어린이들을 가르치는 일이었어요. 그녀는 장애가 있는 아이들을 위해 특별한 교육 방법을 연구했어요. 1907년에는 로마에 '어린이의 집(Casa dei Bambini)'이라는 새로운 학교를 세워 아이들이 직접 만지고 느끼며 스스로 배우는 '몬테소리 교육법'을 만들었어요. 아이들이 각자 자신만의 속도로 자랄 수 있도록 존중하며, 실제 생활과 연결된 경험을 통해 자연스럽게 배우게 하는 방식이었지요. 그녀는 이 교육법을 전 세계에 알리며 많은 교사와 부모님에게 영감을 주었어요. 지금도 많은 학교와 유치원, 가정에서 이 교육법을 사용하고 있답니다. 몬테소리는 모든 아이에게 스스로 성장할 수 있는 특별한 힘이 있다고 믿었던 참 따뜻한 교육자였어요.

🔍 **직업 탐구하기**   이 직업에 대해 자세히 알아보세요.

어떤 사람?

학생들이 삶의 지혜와 지식을 배울 수 있도록 이끌어요.

유명인은?

존 듀이, 루돌프 슈타이너, 프리드리히 프뢰벨, 요한 하인리히 페스탈로치 등이 유명해요.

교육자

이런 일도 해!

상담, 특별 교육, 창의적 활동 지도, 평생 교육, 교육 프로그램 개발 등 다양한 일을 해요.

누구에게 어울릴까?

다른 사람을 가르치는 것을 좋아하고, 누군가 성장하는 모습을 보면 뿌듯한 친구에게 추천해요.

아이들은 인류의 희망이자 약속이에요.

노는 것이 바로 아이들의 일이에요.

교육은 아이가 스스로 경험하며

성장하게 하는 과정이에요.

몬테소리는 아이들에게 자유롭게 선택하고 경험할 기회를 주는 것이 아이의 자존감과 개성을 키우는 길이라고 믿었지요. 그녀의 삶은 단순히 지식을 전달하는 것을 넘어서 아이들의 마음을 이해하고 그 가능성을 믿어 주는 사랑과 신뢰가 얼마나 중요한지 알려 줘요.

• 교육자가 된다면, 학생들의 숨은 재능을 발견하기 위해 어떻게 하고 싶나요?

• 아이들에게 가르치고 싶은 가장 중요한 가치는 무엇인가요?

오늘 날짜　　월　　일

37 심리 상담사 **칼 로저스**

☆ **인물 알아보기** | 어떤 사람인지 생각하며 읽어 보세요.

　　로저스는 마음이 아픈 사람들을 따뜻하게 위로해 준 심리 상담사이자 심리학자예요. 그는 대학에서 심리학을 전공한 후 어린이와 어른들을 만나면서, 사람들이 마음을 열고 자기 고민을 솔직하게 이야기하는 것이 얼마나 중요한지 깨달았어요.

　　로저스는 심리 상담사는 상대방을 판단하지 않고 있는 그대로 존중해야 한다고 믿었어요. 그래서 내담자 중심 상담이라는 새로운 상담 방법을 만들었지요. 이 방법은 내담자가 자신의 힘으로 문제를 해결할 수 있도록 용기를 북돋아 주는 것을 중시해요.

　　로저스는 대학에서 심리학을 가르치고 책을 썼어요. 또, 미국 심리학회 회장도 지내며 상담의 가치를 널리 알렸어요. 그가 연구한 상담 방법은 오늘날 세계 곳곳의 상담실, 학교, 병원, 심지어는 일상 대화에서도 널리 사용되고 있답니다.

🔍 **직업 탐구하기** | 이 직업에 대해 자세히 알아보세요.

어떤 사람?
고민이 있는 사람들의 이야기를 들어 주고, 마음이 건강해지게 도와줘요.

유명인은?
지그문트 프로이트, 알프레트 아들러, 김혜남 등이 유명해요.

✦ **심리 상담사**

이런 일도 해!
학교 상담, 가족 상담, 그룹 치료 등 다양한 방법으로 마음 건강을 지키는 데 힘써요.

누구에게 어울릴까?
다른 사람의 이야기를 귀 기울여 듣는 따뜻한 마음을 지닌 친구에게 추천해요.

내 모습을 있는 그대로 받아들일 때,

비로소 변화할 수 있어요.

행복한 삶은 멈춰 있는 게 아니라,

계속 이어지는 과정이에요.

로저스는 상대방의 마음을 진심으로 이해하고 존중하는 것이 상담의 시작임을 몸소 알려 주었어요. 그는 누군가 진심으로 귀 기울여 주면 누구나 스스로 성장할 수 있다는 믿음을 가지고 있었어요. 그가 전한 진심, 존중, 공감의 가치는 오늘날에도 많은 이들의 마음을 치유해요.

⭐ **진로 탐색하기** 이 직업에 대해 생각하며 질문에 답해 보세요.

• 친구가 고민이 있을 때 어떤 방법으로 친구의 마음을 편하게 해 줄 수 있을까요?

• 심리 상담사로서 남의 이야기를 들을 때 지켜야 할 약속을 한 가지 정해 보세요.

38 사회복지사 **제인 애덤스**

☆ 인물 알아보기

어떤 사람인지 생각하며 읽어 보세요.

애덤스는 어려운 이웃을 위해 평생을 바친 사회복지사예요. 애덤스는 어릴 때부터 가난하거나 도움이 필요한 사람들을 보며, 모두가 함께 행복하게 살 수 있는 방법에 대해 고민했답니다.

애덤스는 대학에서 공부하면서 직접 어려운 사람들을 돕고 싶어졌어요. 그래서 1889년 시카고에 '헐 하우스(Hull House)'라는 특별한 공동체를 만들었지요. 이곳에서 그녀와 친구들은 이민자, 가난한 가족, 어린이, 여성 등 여러 어려움을 겪는 사람들과 함께 지냈어요. 애덤스는 모두가 평등한 기회와 권리를 가져야 한다고 믿었어요. 특히 어린이와 여성이 안전한 환경에서 보호받으며 자신의 꿈을 마음껏 펼칠 수 있는 세상을 만들고 싶어 했지요.

그녀의 노력은 미국 사회복지의 발전에 큰 영향을 주었고, 사회복지사라는 직업이 널리 알려지는 데에도 큰 역할을 했답니다. 1931년에는 여성으로는 처음으로 노벨평화상을 받았어요.

🔍 직업 탐구하기

이 직업에 대해 자세히 알아보세요.

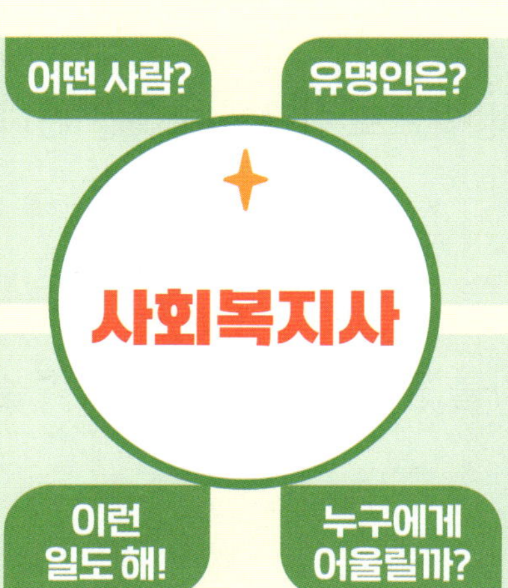

어떤 사람? 어려운 사람들을 돕고, 모두가 더 나은 삶을 살 수 있도록 지원해요.

유명인은? 메리 리치몬드, 헬렌 켈러, 윤형주 등이 유명해요.

이런 일도 해! 교육, 주거 지원, 인권 캠페인, 지역 사회 개발 등 다양한 활동을 해요.

누구에게 어울릴까? 모두가 행복한 세상을 만들고 싶은 친구에게 추천해요.

다른 사람을 진심으로 돕고 싶다면,

그 사람의 존엄을 존중해야 해요.

진짜 평화는 단순히 전쟁이 없는 것만이 아니라,

누구에게나 공평한 정의가 있는 세상을 말해요.

애덤스는 함께 살아가는 세상의 가치를 행동으로 보여 주었어요. 그녀는 이웃을 위한 작은 일부터 직접 실천하며, 사회복지는 따뜻한 마음과 행동에서 시작된다는 메시지를 남겼지요. 그 따뜻한 발자취는 지금도 많은 사회복지사와 어린이들에게 진정한 나눔과 배려가 무엇인지 알려 준답니다.

진로 탐색하기   이 직업에 대해 생각하며 질문에 답해 보세요.

• 사회복지사는 노인, 어린이, 장애인 등의 사회적 약자를 돕는 다양한 분야에서 일해요. 여러분이 관심 있는 분야는 무엇인가요?

• 사회복지사가 된다면, 어떤 프로그램이나 활동을 만들고 싶나요?

39 역사학자 **유발 하라리**

☆ 인물 알아보기

어떤 사람인지 생각하며 읽어 보세요.

　하라리는 우리의 삶과 미래에 대해 깊이 생각하게 하는 세계적인 역사학자예요. 그는 어릴 때부터 사람들이 어떻게 살아왔고 세상이 어떻게 바뀌어 왔는지에 관심이 많았어요. 예루살렘 히브리대학교에서 역사학을 공부하고 영국 옥스퍼드대학교에서 박사 학위를 받은 뒤, 지금은 히브리대학교에서 교수로 일하고 있답니다.

　그는 인간 사회가 어떻게 발전해 왔는지를 아주 넓고 깊은 시선으로 연구했어요. 특히 인류의 시작부터 지금까지의 이야기를 쉽고 흥미롭게 풀어 낸 《사피엔스》라는 책으로 전 세계에 이름을 알렸어요. 사람들이 어떻게 협력하거나 싸우고 사회를 만들며 살아왔는지를 설명해 주는 책이지요. 그는 책과 강연, 방송 등을 통해 과거를 잘 알아야 미래를 준비할 수 있다고 전하고 있어요. 그의 연구와 글은 많은 사람들이 스스로 생각하는 힘을 키우고 세상을 더 넓고 깊게 바라보는 데 도움을 주고 있답니다.

🔍 직업 탐구하기

이 직업에 대해 자세히 알아보세요.

역사학자

어떤 사람?
과거에 벌어진 사건과 사회 변화 등을 연구해서 우리가 살아온 길을 밝히는 일을 해요.

유명인은?
윌 듀런트, 에릭 홉스봄, 아놀드 조셉 토인비, 신채호 등이 유명해요.

이런 일도 해!
역사 책을 집필하고 자문하거나, 사회 문제에 대해 토론하기도 해요.

누구에게 어울릴까?
역사 이야기를 좋아하고, 세상 일에 대해 깊게 탐구하고 싶은 친구에게 추천해요.

역사는 우리가 무엇을 생각할지보다,

어떻게 생각할지를 가르쳐 줘요.

과거를 바꿀 수는 없지만,

누구나 과거로부터 배울 수 있지요.

하라리는 한 사람, 한 사람의 작은 이야기가 모여 인류의 큰 역사가 된다고 말해요. 하라리는 역사를 배우면 옛날 일을 알게 되는 것뿐 아니라, 앞으로 어떻게 살아가야 할지 스스로 생각하고 준비할 수 있게 된다고 생각했어요. 지금 우리가 하는 선택이 미래의 역사가 된다는 중요한 메시지를 전했답니다.

📌 **진로탐색하기** 이 직업에 대해 생각하며 질문에 답해 보세요.

• 역사학자가 된다면, 어떤 시대를 제일 먼저 연구해 보고 싶나요?

• 역사학자는 미래에 대해 예측하기도 해요. 미래의 역사책에 어떤 이야기가 담겨 있을지 상상해 보세요.

40 종교인 **이태석 신부**

☆ 인물 알아보기

어떤 사람인지 생각하며 읽어 보세요.

　　이태석 신부는 사랑과 나눔을 몸소 실천한, 훌륭한 종교인이자 의사예요. 그는 어릴 때부터 다른 사람들을 돕는 일에 관심이 많았어요. 의대를 졸업해 의사로 일하다가 사람들의 몸뿐 아니라 마음도 돌보고 싶어 가톨릭 신부가 되었지요.

　　2001년 그가 아프리카 수단의 작은 마을 톤즈를 찾아갔을 때, 그곳 주민들은 음식과 약이 부족했어요. 아이들이 학교도 제대로 다니기 어려울 정도로 힘든 생활을 하고 있었지요. 이태석 신부는 아픈 사람을 치료하고 음악을 가르치며 아이들에게 희망을 전했어요. 또 마음이 잘 맞는 친구들과 함께 병원, 학교, 기숙사, 수도 시설을 세워 마을을 크게 변화시켰지요. 이태석 신부는 2010년 병으로 세상을 떠났어요. 하지만 그의 사랑과 봉사하는 마음은 《울지 마 톤즈》라는 다큐멘터리를 통해 널리 알려져 지금도 많은 사람들에게 감동을 주고 있어요.

🔍 직업 탐구하기

이 직업에 대해 자세히 알아보세요.

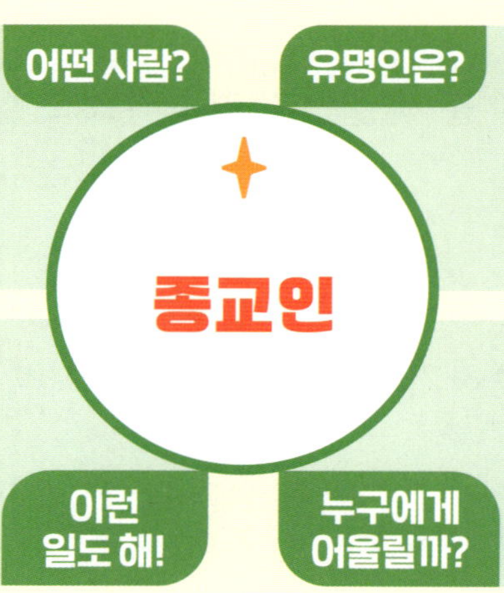

어떤 사람?
믿음을 바탕으로 사람들에게 희망을 전하고, 봉사와 사랑을 실천해요.

유명인은?
테레사 수녀, 프란치스코 교황, 틱낫한 스님, 김수환 추기경, 김대건 신부, 손양원 목사 등이 유명해요.

종교인

이런 일도 해!
문화·교육·의료 지원에 앞장서는 등 다양한 사회공헌 활동에 기여해요.

누구에게 어울릴까?
슬픈 사람을 위로하고, 싸우는 사람을 화해시키며, 더 따뜻한 세상을 꿈꾸는 친구에게 추천해요.

✏️ 명언 따라 쓰기

말에 담긴 의미를 떠올리며 따라 써 보세요.

내 곁의 사람을 나처럼 소중히 여겨야 해요.

행복은 가진 것을 나눌 때 더 커져요.

작은 도움도 누군가에게는 큰 힘이 될 수 있어요.

아이들을 꿈꾸게 하는 게 가장 중요한 일이에요.

이태석 신부의 삶은 한 사람의 사랑과 헌신이 세상에 얼마나 큰 힘이 되는지를 알려 줘요. 그는 아프고 외로운 사람들 곁을 떠나지 않고 이웃을 사랑하는 일이 무엇인지 직접 보여 줬어요. 이태석 신부는 세상을 바꾸는 것은 어려운 말이 아니라 따뜻한 마음과 손길에서 나온다는 것을 몸소 증명했답니다.

📌 진로 탐색하기

이 직업에 대해 생각하며 질문에 답해 보세요.

- 종교인은 도움이 필요한 곳에서 살며 봉사하기도 해요. 특별히 봉사하고 싶은 장소가 있나요?

- 힘든 일을 겪은 사람들의 마음을 따뜻하게 안아 주는 나만의 특별한 방법이 있나요?

41 인권운동가 **로자 파크스**

☆ **인물 알아보기**　어떤 사람인지 생각하며 읽어 보세요.

　　파크스는 미국에서 자유와 평등을 위해 용감하게 싸운 인권운동가예요. 그녀는 어릴 때부터 흑인이라는 이유로 여러 가지 차별을 받으며 자랐어요.

　　1955년, 파크스는 몽고메리라는 도시에서 흑인은 반드시 버스 뒷자리에 앉아야 한다는 규칙에 맞서기 위해 일부러 앞자리에 앉았어요. 경찰이 자리를 옮기라고 했지만, 단호하게 거절했지요. 그녀는 결국 체포되었지만, 파크스의 행동은 미국 전역에 큰 울림을 주었어요. 그 일을 계기로 많은 사람들이 몽고메리 버스 거부 운동에 참여하게 되었지요.

　　파크스의 작은 용기는 큰 변화의 불씨가 되어, 결국 미국의 인종 차별적인 법이 바뀌는 데 큰 역할을 했어요. 사람들은 그녀를 미국 시민권 운동의 어머니라고 부르기도 해요.

🔍 **직업 탐구하기**　이 직업에 대해 자세히 알아보세요.

어떤 사람?
모든 사람이 차별받지 않고 평등하게 살아갈 수 있도록 목소리를 내요.

유명인은?
마틴 루터 킹, 넬슨 만델라, 말랄라 유사프자이 등이 유명해요.

이런 일도 해!
국제 인권 협의에 참여하고 도움이 필요한 사람에게 법률 지원을 하기도 해요.

누구에게 어울릴까?
차별에 맞서 싸워서 모두가 평등한 세상을 만들고 싶은 친구에게 추천해요.

나는 부당한 대우를 참고만 있지 않고,

용기를 내어 맞섰어요.

우리의 행동은 다른 사람의 마음속에 오래 남아요.

옳은 일을 할 때는 두려워하지 마세요.

파크스는 평범한 한 사람이 보여 준 작은 행동도, 정의와 희망의 씨앗이 될 수 있다는 것을 보여 주었어요. 그녀는 부당함에 물러서지 않고 진심을 다해 평등한 세상을 꿈꾸었지요. 그 결과 많은 사람들이 거부 운동에 동참하게 되었고, 세상은 조금 더 나아졌어요.

🚩 **진로 탐색하기**   이 직업에 대해 생각하며 질문에 답해 보세요.

• 모두가 평등하게 대우받는 사회를 만들기 위해 여러분은 무엇을 하고 싶나요?

• 성별, 인종, 장애, 나이 등으로 차별받는 사람들이 있어요. 여러분 주변에서 꼭 사라졌으면 하는 차별은 무엇인가요?

42 환경운동가 **왕가리 마타이**

☆ **인물 알아보기** (어떤 사람인지 생각하며 읽어 보세요.

마타이는 사라진 숲을 되살려서 많은 사람들의 삶을 바꾼, 멋진 환경운동가예요. 그녀는 어릴 때부터 초록 숲과 푸른 자연을 사랑했어요. 미국에서 생물학을 공부한 뒤 고향 케냐로 돌아온 마타이는 숲이 사라진 바람에 마을 사람들이 물과 땔감을 구하지 못해 고생하는 모습을 보았지요.

그녀는 나무를 심으면 문제가 개선되어 모두가 행복해질 수 있다고 생각했어요. 1977년 '그린벨트 운동(Green Belt Movement)'이라는 단체를 만들어, 수많은 여성들과 함께 나무 심기 운동을 시작했어요. 5,000만 그루가 넘는 나무를 심자 마을에는 다시 물과 나무가 많아졌지요.

마타이는 환경 보호와 여성 인권을 위해 목소리를 내며, 케냐뿐 아니라 전 세계의 환경 문제 해결에 앞장섰어요. 그 덕분에 2004년에는 아프리카 여성 최초로 노벨 평화상을 받았답니다.

🔍 **직업 탐구하기** (이 직업에 대해 자세히 알아보세요.

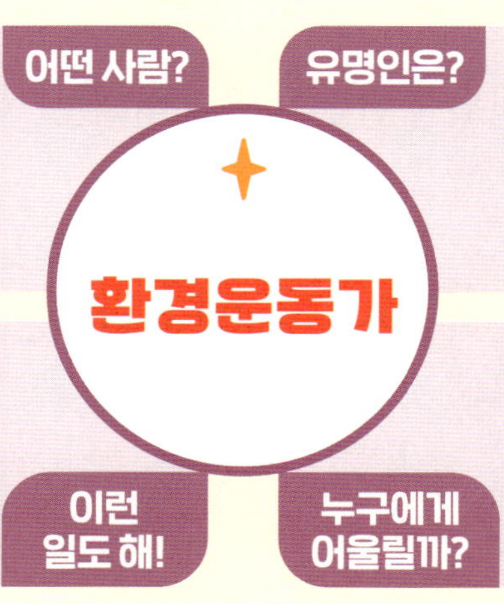

자연을 아끼고 환경을 보호하기 위해 다양한 노력을 해요.

그레타 툰베리, 앨 고어, 데이비드 아텐버러, 실비아 얼 등이 유명해요.

나무 심기와 같은 여러 캠페인을 벌이고 환경 정책을 제안하기도 해요.

자연을 사랑하고 지구를 위해 행동하고 싶은 친구에게 추천해요.

작은 행동들로 세상을 바꿀 수 있어요.

함께 힘을 모으면 무엇이든 이뤄낼 수 있어요.

포기하거나 지쳐서는 안 돼요.

미래의 아이들을 위해 책임감을 가져야 해요.

마타이의 삶은 작은 나무 한 그루를 심는 마음이 지구를 지키는 큰 힘이 될 수 있다는 것을 보여 주지요. 그녀는 자연과 사람, 그리고 지구에서 살아갈 미래의 아이들을 위해 평생 용기 있게 행동했어요. 그녀의 노력은 지구를 지키는 일이 바로 우리 모두의 책임이라는 것을 알려 줘요.

🌱 **진로 탐색하기** 이 직업에 대해 생각하며 질문에 답해 보세요.

• 가장 먼저 해결해야 하는 환경 문제는 무엇일까요?

• 혹시 환경 오염 때문에 피해를 입은 동물이나 식물을 실제로 본 적이 있나요? 환경운동가가 된다면 어떻게 도와주고 싶은가요?

오늘 날짜   월   일

43 정치인 **낸시 펠로시**

☆ **인물 알아보기** | 어떤 사람인지 생각하며 읽어 보세요.

펠로시는 미국 정치 역사에서 매우 특별한 인물이에요. 펠로시는 정치가였던 아버지 덕분에 어릴 때부터 정치에 관심이 많았어요. 대학을 졸업한 뒤에 어려운 이웃을 돕기 위해 지역 정치에 뛰어들었지요. 1987년부터 캘리포니아 주를 대표하는 연방 하원의원이 되었고, 여성으로서는 처음으로 미국 하원의장 자리에 올라 미국 정치를 이끄는 중요한 리더가 되었어요.

그녀는 환경 보호, 교육, 건강보험 확대, 시민 권리 향상 등 미국 국민의 행복을 위해 힘썼고, 여러 법안을 통과시키며 사회 변화를 이끌었어요. 특히 코로나19가 전 세계에 퍼졌을 때, 경제적인 어려움 속에서도 국민과의 소통과 협력을 강조하며 많은 사람들의 신뢰를 얻었답니다. 오랜 기간 국회의원으로 활동하며 여성 지도자의 본보기가 되어, 전 세계 많은 젊은이들에게 희망과 용기를 전하고 있어요.

🔍 **직업 탐구하기** | 이 직업에 대해 자세히 알아보세요.

어떤 사람?
대통령, 총리, 시장, 도지사, 의원 등 우리 마을이나 나라의 문제를 해결하기 위해 활동하는 리더예요.

유명인은?
존 루이스, 앙겔라 메르켈, 페니 웡, 마가렛 대처 등이 유명해요.

정치인

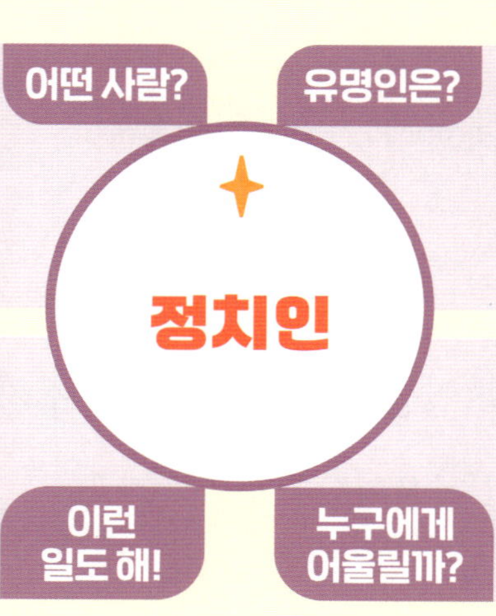

이런 일도 해!
시민과 소통하며 지역 민원을 해결하고 국제 교류에 힘쓰기도 해요.

누구에게 어울릴까?
정의감이 강하고, 사회를 더 좋은 곳으로 만들고 싶은 친구에게 추천해요.

진짜 리더십은 당장 오늘만 생각하지 않고,

미래를 생각하는 데서 나와요.

지도자는 모두가 잘 살 수 있는 길을 찾아야 해요.

우리가 오늘 하는 작은 일이 미래를 바꿔요.

펠로시는 약 40년 간 미국 국민의 이야기에 귀 기울이며, 모두가 평등한 사회를 만들기 위해 힘썼답니다. 특히 여성과 약자의 권리를 위해 용기 있게 목소리를 냈어요. 펠로시는 한 사람의 끈기와 용기가 큰 변화를 만들어 낼 수 있다는 귀한 메시지를 남겼어요.

🟢 **진로 탐색하기** 이 직업에 대해 생각하며 질문에 답해 보세요.

- 정치인이 된다면, 가장 먼저 해결하고 싶은 문제는 무엇인가요?

- 정치를 하다 보면 나와 생각이 다른 사람들을 많이 만나게 돼요. 서로의 의견을 존중하면서도 만족스러운 결론을 이끌어 내려면 어떻게 대화하고 협력해야 할까요?

44

외교관 **코피 아난**

☆ **인물 알아보기** 어떤 사람인지 생각하며 읽어 보세요.

　　아난은 평화로운 세상을 만들기 위해 평생을 노력한 외교관이에요. 아프리카 가나에서 태어난 아난은 어릴 때부터 공부를 좋아했고, 국제 무대에서 일하고 싶다는 꿈이 있었어요. 미국과 스위스에서 대학을 다닌 뒤, 유엔(UN)에 들어가 다양한 일을 하며 경력을 쌓았지요.

　　아난은 유엔 직원으로 일하며 전쟁, 가난, 인권 문제를 앞장서서 해결하려고 애썼어요. 1997년에는 아프리카계로는 최초로 유엔 사무총장이 되어 전 세계 여러 나라가 협력하여 평화롭게 지낼 수 있도록 리더 역할을 했지요. 그는 세상에서 가장 중요한 것은 사람들의 생명과 인권을 지키는 것이라 말하며 전쟁을 막으려 노력하고 분쟁 지역의 어린이, 난민, 약자를 돌보는 데 힘썼어요.

　　2001년에는 유엔과 함께 노벨 평화상을 받았고, 퇴임한 뒤에도 아프리카와 전 세계의 평화와 발전을 위해 노력했답니다.

🔍 **직업 탐구하기** 이 직업에 대해 자세히 알아보세요.

나라와 나라 사이의 좋은 관계를 만들기 위해 일해요.

반기문, 매들린 올브라이트, 다그 함마르셸드, 리처드 홀브룩 등이 유명해요.

국제 구호, 평화 중재, 문화 교류, 해외 국민 보호 등을 위해 힘써요.

외국어를 좋아하고, 다양한 문화에 관심이 많은 친구에게 추천해요.

 말에 담긴 의미를 떠올리며 따라 써 보세요.

서로 다른 종교, 언어, 피부색을 가졌더라도

우리는 모두 한 인류예요.

평화는 그냥 주어지는 것이 아니에요.

우리가 평화를 만들어 내고 지켜야 해요.

아난의 삶은 대화와 이해, 협력이 세상을 더 좋은 곳으로 바꿀 수 있다는 중요한 교훈을 줘요. 그는 서로 다른 나라 사람들도 마음을 열고 소통하면 어떤 어려움도 함께 이겨 낼 수 있다는 희망을 남겼어요. 아난은 전 세계인이 서로 도와야 하는 지구촌 가족임을 강조하여 오늘날 세계 각국이 갈등을 해결하고 함께 나아가는 데 밑거름이 되어 준 훌륭한 외교관이에요.

 이 직업에 대해 생각하며 질문에 답해 보세요.

• 외교관이 된다면, 우리나라의 어떤 점을 세계에 널리 알리고 싶나요?

• 어떤 나라에 가서 무슨 일을 해 보고 싶은가요? 그 이유는 무엇인가요?

45 소방관 **임성철**

어떤 사람인지 생각하며 읽어 보세요.

임성철은 어려움에 처한 사람을 구하기 위해 가장 먼저 달려간, 대한민국의 자랑스러운 소방관이에요. 그는 응급구조학을 공부하면서 언젠가 소방관이 되어 생명을 지키고 싶다고 다짐했어요. 그리고 마침내 소방관이 되어 제주 동부소방서에서 근무하게 되었지요.

2023년 12월, 임성철은 제주의 한 창고 화재 현장 불길 속에서 어르신 부부를 안전하게 대피시켰어요. 그리고 다시 화염 속으로 뛰어들어 진압을 이어가던 중, 건물 붕괴로 머리를 크게 다쳐 끝내 순직하고 말았지요. 임성철은 마지막 순간까지도 누군가의 소중한 생명을 지키는 것이 자신의 사명이라는 믿음을 지키며 행동했어요.

숭고한 희생과 용기를 기리기 위해 대통령은 임성철에게 큰 상을 주고, 계급을 한 단계 올려 주었어요. 장례는 제주도청장으로 엄숙히 치러졌지요. 지금도 그의 이야기는 후배 소방관들에게 큰 용기를 주고, 우리 모두에게 안전의 소중함을 다시 생각하게 해 줘요.

이 직업에 대해 자세히 알아보세요.

어떤 사람?
화재나 재난 사고 현장에서 사람들을 구조하고 국민의 안전을 지켜요.

유명인은?
강기봉 소방관처럼 순직한 분들도 있고, 이도재, 신소희 소방관처럼 헌신하는 많은 소방관들이 있어요.

소방관

이런 일도 해!
응급 환자를 이송하고, 화재 예방 캠페인을 벌이기도 해요.

누구에게 어울릴까?
용기와 책임감이 있고, 모두의 안전을 지키고 싶은 친구에게 추천해요.

> 누군가의 생명을 지키는 것이 나의 사명이에요.

> 모두의 안전을 지키는 일에는 책임감이 필요해요.

> 어려운 순간에도 포기하지 않는 마음이 중요해요.

> 위험한 순간에도 침착함을 잃지 않아야 해요.

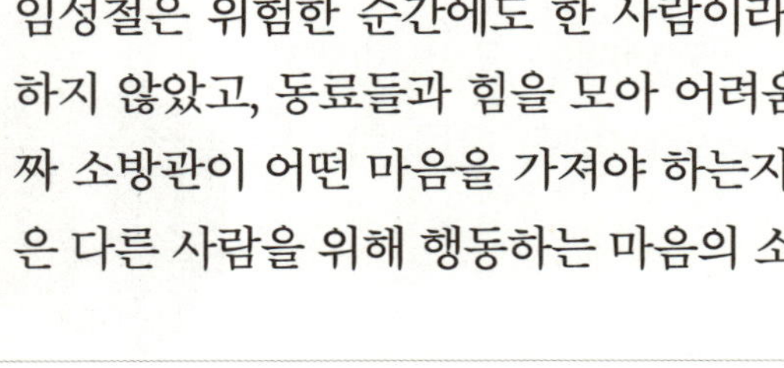

임성철은 위험한 순간에도 한 사람이라도 더 구하기 위해 끝까지 포기하지 않았고, 동료들과 힘을 모아 어려움을 이겨냈어요. 그의 행동은 진짜 소방관이 어떤 마음을 가져야 하는지 알려 주지요. 그의 용기와 헌신은 다른 사람을 위해 행동하는 마음의 소중함을 일깨워 줘요.

🚩 **진로 탐색하기**　　이 직업에 대해 생각하며 질문에 답해 보세요.

• 소방관이 위험한 일을 할 때 필요한 마음가짐은 무엇이라고 생각하나요?

• 소방관은 늘 시민의 안전을 위해 노력해요. 소방관이 된다면, 우리 동네의 안전을 지키기 위해 어떤 활동을 하고 싶나요?

46 군인 드와이트 아이젠하워

☆ 인물 알아보기   어떤 사람인지 생각하며 읽어 보세요.

아이젠하워는 세계 평화를 위해 평생을 바친 미국의 전설적인 군인이자 대통령이에요. 아이젠하워는 어릴 때부터 책임감이 강하고 용감한 성격을 가진 아이였어요. 그는 군인이 되겠다는 꿈을 이루기 위해 웨스트포인트 육군사관학교를 졸업한 뒤, 미국 육군 장교로 오랫동안 군 생활을 했지요.

제2차 세계대전이 시작되자, 아이젠하워는 미국, 영국, 프랑스 등 여러 나라의 연합군을 하나로 모아 이끄는 역할을 맡았어요. 특히 1944년, 전쟁의 흐름을 바꾼 노르망디 상륙작전을 성공적으로 계획하고 지휘했지요. 그는 유럽을 독일의 지배에서 해방시키는 데 큰 공을 세웠어요.

평화를 지키는 일을 중요하게 여겼던 그는 전쟁이 끝난 뒤에 군을 이끄는 참모총장이 되었어요. 그리고 1953년에는 군인 시절 보여 준 정직함과 책임감을 바탕으로 국민들의 선택을 받아 미국 대통령으로서 나라를 평화롭게 이끌었답니다.

🔍 직업 탐구하기   이 직업에 대해 자세히 알아보세요.

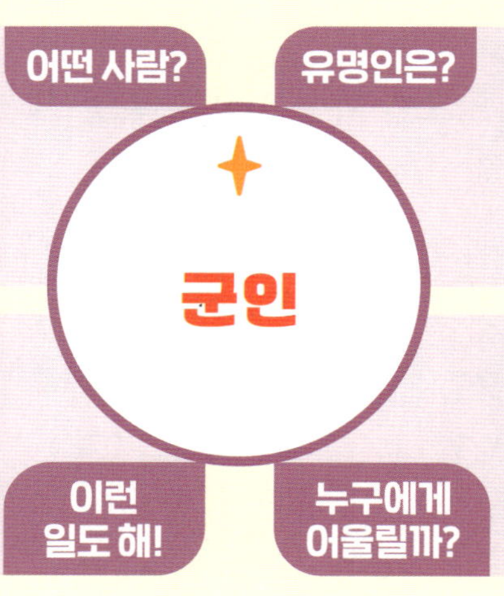

어떤 사람?
나라와 국민을 지키기 위해 훈련받고 임무를 수행해요.

유명인은?
콜린 파월, 조지 마셜, 로메오 달레르, 이순신, 홍범도 등이 유명해요.

이런 일도 해!
재난 구조, 평화 유지 활동, 각종 구호 활동 등 다양한 일을 해요.

누구에게 어울릴까?
두려움에 맞서는 용기가 있고, 규칙을 잘 지키는 책임감 강한 친구에게 추천해요.

앞에서 이끄는 것이 리더의 임무예요.

어느 누구도 정의를 방해해서는 안 됩니다.

주어진 임무를 수행하는 데 급급할 것이 아니라,

조금 더 잘해 보려고 하세요.

아이젠하워는 전쟁이 아니라 평화가 세상을 더 강하게 만든다고 믿으며, 평화를 위해 힘쓴 위대한 군인이었어요. 그는 대담한 결단력과 강한 협동심으로 많은 사람을 하나로 모았고, 전쟁이 끝난 후에는 평화를 지키는 데 힘썼어요. 군인의 진짜 실력은 전쟁에서 이기는 기술이 아닌 평화를 지켜내는 책임감에 있다는 것을 보여 주었지요.

🚩 **진로 탐색하기**　　이 직업에 대해 생각하며 질문에 답해 보세요.

- 군인은 전쟁에 참여할 뿐 아니라 재난 구조, 환경 보호, 평화 유지 등 다양한 일을 해요. 군인이 된다면 특별히 하고 싶은 활동이 있나요?

- 군인으로서 평화와 안전을 지키기 위해서 가장 중요한 것은 무엇일까요?

오늘 날짜   월   일

47 법조인 **루스 베이더 긴즈버그**

☆ **인물 알아보기** 어떤 사람인지 생각하며 읽어 보세요.

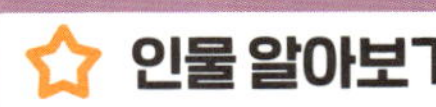

긴즈버그는 미국 역사상 가장 존경받는 대법관 중 한 명이에요. 그녀는 학창 시절 남들보다 더 열심히 공부했지만, 여성이라는 이유로 여러 차별을 겪었지요. 그럼에도 포기하지 않고, 세계적으로 유명한 하버드대학과 컬럼비아대학 로스쿨을 우수한 성적으로 졸업했어요.

변호사로 일하면서는 여성과 약자의 권리를 지키기 위해 노력했고, 남성과 여성이 법 앞에 평등하게 서야 한다는 목소리를 미국 사회에 널리 알렸어요. 1993년, 긴즈버그는 미국 연방대법관으로 임명되었어요. 그녀는 모두가 당연하게 여기던 차별에 대해 "나는 반대한다!"라고 외치며 평생 법의 공정함을 지키고 약자를 보호하기 위해 일했어요.

그녀의 노력 덕분에 미국의 법과 사회는 전보다 평등하고 공정해졌어요. 긴즈버그는 사람들이 모두를 위한 정의를 생각하게 만든 아주 특별한 법조인입니다.

🔍 **직업 탐구하기** 이 직업에 대해 자세히 알아보세요.

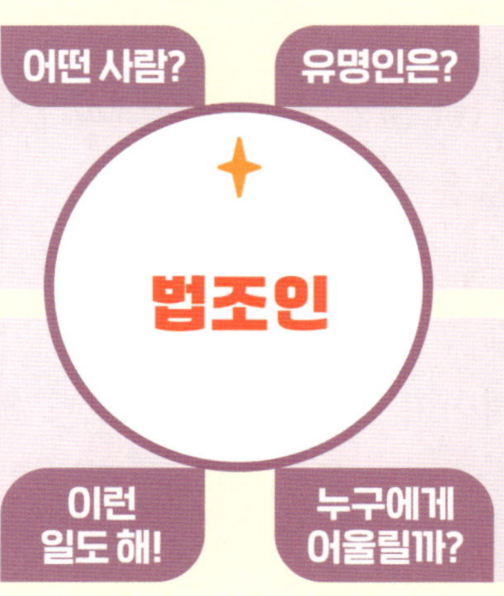

어떤 사람?

법에 따라 모두가 공정하게 살아가도록 돕는 일을 해요.

유명인은?

소니아 소토마요르, 존 로버츠, 문형배, 김영란 등이 유명해요.

법조인

이런 일도 해!

재판에 참여할 뿐 아니라, 인권 보호, 법률 상담 등 다양한 일을 해요.

누구에게 어울릴까?

약자의 편에서 목소리를 내고 싶은 정의로운 친구에게 추천해요.

중요한 일을 위해 싸우되,

다른 사람도 함께할 수 있게 하세요.

살면서 방해물처럼 보이던 것들이

뜻밖의 큰 행운이 될 때도 아주 많아요.

긴즈버그는 약자들의 권리를 지키기 위해 포기하지 않고 싸웠어요. 차별과 편견에 맞서 평등한 세상을 만드는 데 큰 역할을 했지요. 그녀는 법이란 실제로 사람들의 삶을 나아지게 도와주는 울타리가 되어야 한다는 중요한 메시지를 우리에게 남겼어요.

🍀 **진로 탐색하기** 이 직업에 대해 생각하며 질문에 답해 보세요.

- 법정에서 판사, 검사, 변호사의 역할이 각각 달라요. 그중 해 보고 싶은 역할이 있나요?

- 법조인은 모두가 법 앞에 평등하다고 생각해야 해요. 평등이란 무엇일까요?

48 투자 분석가 **워런 버핏**

☆ 인물 알아보기 (어떤 사람인지 생각하며 읽어 보세요.

버핏은 세계적인 투자 분석가예요. 그는 11살에 처음으로 주식을 사 투자에 눈떴고, 숫자와 기업에 관한 책을 즐겨 읽으며 끊임없이 공부했지요. 대학에서 경제학과 경영학을 전공한 후 가치투자라는 투자법을 개발했어요. 가치투자는 좋은 기업을 찾아 장기간 믿고 투자하는 투자법으로, 안정적이면서도 높은 수익을 추구하는 전략이지요.

그는 1956년에 버크셔 해서웨이라는 회사를 인수해서 튼튼하고 거대한 투자 회사로 키워냈어요. 그는 뛰어난 투자 능력 덕분에 세계적인 부자가 되었지만, 평생 검소한 생활을 유지하려고 했어요. 평범한 집에서 살고 자녀들에게도 절약과 겸손의 가치를 강조했지요.

그는 돈을 버는 것뿐 아니라 다른 사람을 돕는 일도 중요하게 생각했어요. 나만 잘 사는 것이 아니라 모두가 함께 잘 살아야 한다고 믿으며, 자신의 재산 대부분을 기부하겠다는 약속을 지켜왔답니다.

🔍 직업 탐구하기 (이 직업에 대해 자세히 알아보세요.

투자 분석가

어떤 사람?
기업, 주식, 시장 상황을 꼼꼼히 분석해서 사람들의 투자 결정을 도와요.

유명인은?
벤저민 그레이엄, 피터 린치, 레이 달리오, 찰리 멍거, 존 보글 등이 유명해요.

이런 일도 해!
기업 자문, 금융 교육, 자선 기부, 경제 정책 제안 등의 일을 해요.

누구에게 어울릴까?
경제와 돈의 흐름에 관심이 많은 친구에게 추천해요.

말에 담긴 의미를 떠올리며 따라 써 보세요.

위험은 내가 무엇을 하는지 모를 때 발생해요.

정직은 정말 값진 선물이에요.

좋은 평판을 쌓는 데는 20년이 걸릴 수 있지만,

망가뜨리는 건 단 5분만에도 가능합니다.

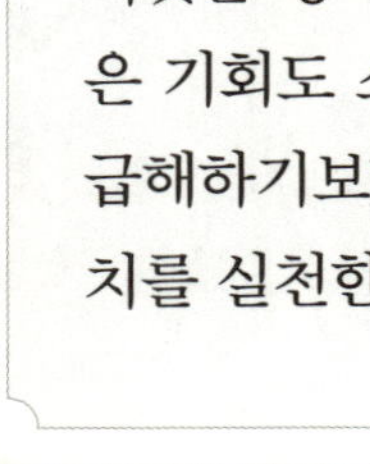

버핏은 경제를 꾸준히 공부하며 현명한 선택으로 투자를 이어 갔고, 작은 기회도 소중히 여기며 크게 성공했어요. 버핏은 단기적인 성과에 조급해하기보다 멀리 내다보는 것이 중요하다고 믿으며 책임과 나눔의 가치를 실천한 투자 분석가예요.

이 직업에 대해 생각하며 질문에 답해 보세요.

• 미래에 유망할 사업이 무엇이라고 생각하나요?

• 버핏은 사회와 환경에 도움이 되는 투자를 중요하게 생각해요. 세상을 더 좋게 만들기 위해 꼭 투자하고 싶은 분야가 있나요?

49 기자 크리스티안 아만포

☆ 인물 알아보기

어떤 사람인지 생각하며 읽어 보세요.

아만포는 전 세계에서 가장 유명하고 영향력 있는 기자 중 한 명이에요. 어려서 아버지와 함께 이란에서 지내다가 11살에 영국으로 옮겨 가 그곳에서 학교를 다녔어요. 어릴 때부터 다양한 나라의 문화를 경험한 아만포는 국제적으로 활동하며 세계 여러 나라의 소식을 전하는 기자의 꿈을 키웠답니다.

그녀는 영국에서 대학을 졸업한 뒤 CNN 뉴스에 입사했어요. 세계 곳곳의 전쟁터와 위기 현장을 직접 취재하면서 이름을 알렸지요. 진실을 알리고 싶다는 사명감을 가지고 폭력으로 고통받는 사람들의 이야기를 전하며 보스니아, 이라크, 아프가니스탄 등 위험한 현장을 누볐어요.

아만포는 세상에 변화를 불러오는 힘이 뉴스에 있다고 믿었어요. 그녀는 CNN 국제 뉴스의 총괄 앵커로도 활동하며 여러 상을 받은 뛰어난 언론인이에요. 아만포는 언제나 정확한 진실과 사람들의 이야기에 담긴 가치를 소중히 여기며 지금도 세계 곳곳의 목소리를 전하고 있답니다.

🔍 직업 탐구하기

이 직업에 대해 자세히 알아보세요.

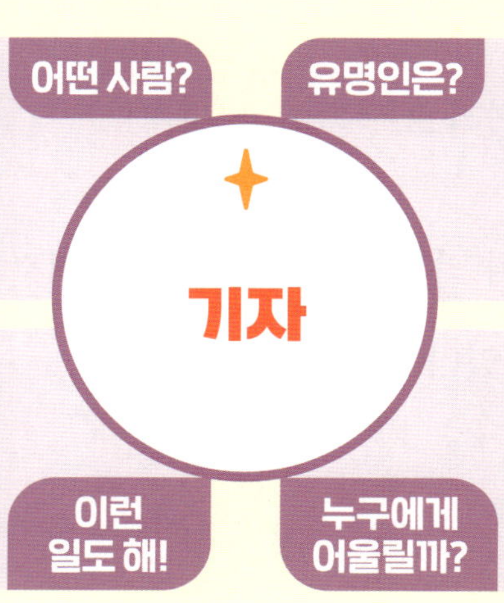

어떤 사람?
현장에서 직접 소식을 취재해서 정확한 정보를 사람들에게 전해요.

유명인은?
밥 우드워드, 앤더슨 쿠퍼, 마리 콜빈, 넬리 블라이, 김훈 등이 유명해요.

기자

이런 일도 해!
인터뷰, 긴급 생방송, 사회 문제 캠페인, 위험 지역 취재 등 진실을 조사하고 알리기 위한 다양한 활동을 해요.

누구에게 어울릴까?
세상에 대한 호기심이 많고, 진실을 밝히는 데 관심이 있는 친구에게 추천해요.

말에 담긴 의미를 떠올리며 따라 써 보세요.

진실이 어디로 이끌든,

우리는 진실을 끝까지 따라가야 해요.

진실을 알리는 것이 자유의 기초랍니다.

어떤 이야기들은 꼭 전해져야만 하지요.

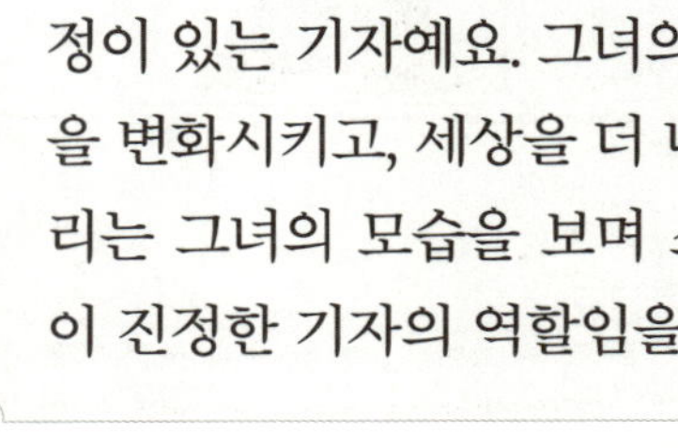

아만포는 진실을 알리기 위해 직접 위험한 현장에 뛰어드는 용기와 열정이 있는 기자예요. 그녀의 삶은 정확한 뉴스 한 줄이 얼마나 많은 사람을 변화시키고, 세상을 더 나은 곳으로 만들 수 있는지를 증명하지요. 우리는 그녀의 모습을 보며 소외된 사람들의 목소리를 세상에 알리는 일이 진정한 기자의 역할임을 알 수 있어요.

이 직업에 대해 생각하며 질문에 답해 보세요.

• 세계 어디로든 취재하러 떠날 수 있다면, 어디로 가고 싶나요?

• 기자는 필요한 정보를 빠르게 찾을 줄 알아야 해요. 정보를 빠르게 찾고 정리하는 여러분만의 특별한 방법이 있나요?

50 아나운서 **손석희**

☆ **인물 알아보기**　어떤 사람인지 생각하며 읽어 보세요.

손석희는 대한민국에서 가장 신뢰받는 아나운서이자 언론인이에요. 그는 1984년 MBC 방송국에 아나운서로 입사해 뉴스와 라디오, 다양한 프로그램의 진행을 맡았지요. 그는 《손석희의 시선집중》,《MBC 100분 토론》 등에서 날카롭고 솔직하게 질문을 던지는 모습으로 많은 사람들의 신뢰를 얻었어요. 특히 사회 문제를 균형감 있게 바라보고, 어려운 이슈도 쉽게 설명하는 능력 덕분에 많은 후배 아나운서들의 롤모델이 되었지요.

2013년에는 《JTBC 뉴스룸》 앵커와 보도 담당사장을 맡으며, JTBC 뉴스를 대한민국 대표 뉴스 방송으로 만들었어요. 그리고 2024년부터는 MBC 《손석희의 질문들》이라는 프로그램을 통해 우리 사회에 꼭 필요한 질문을 던지고 있어요. 손석희는 늘 사실을 바탕으로 공정하게 전달하는 방송을 중요하게 여기는 진정한 아나운서예요.

🔍 **직업 탐구하기**　이 직업에 대해 자세히 알아보세요.

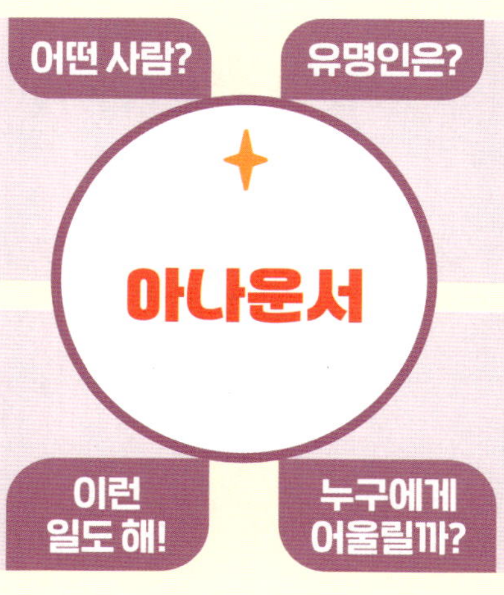

어떤 사람?

세상의 소식을 정확한 목소리로 전달하고, 중요한 사회 문제를 다루는 방송을 진행하기도 해요.

유명인은?

월터 크롱카이트, 바바라 월터스, 황정민, 김일중, 정용실 등이 유명해요.

아나운서

이런 일도 해!

각종 행사의 사회를 보거나, 공익 캠페인을 소개하기도 해요.

누구에게 어울릴까?

정확한 발음과 뛰어난 전달력으로, 널리 정보를 알리는 것에 관심이 있는 친구에게 추천해요.

  말에 담긴 의미를 떠올리며 따라 써 보세요.

힘없는 사람을 기억하는 것이

기자와 아나운서의 사명이에요.

어떤 일이든 책임감을 갖고

자신이 맡은 자리를 지켜야 해요.

손석희는 사실과 공정함을 지키는 노력이 얼마나 중요한지 보여 줘요. 그는 항상 시청자의 입장에서 이야기하며, 사회에 바른 소식을 전하려는 성실함으로 언론인의 새로운 기준을 남겼어요. 손석희는 책임감 있는 보도로 사람들이 믿을 수 있는 뉴스를 전하는 일의 중요성을 우리 모두에게 일깨워 주고 있답니다.

  이 직업에 대해 생각하며 질문에 답해 보세요.

• 신뢰받는 아나운서가 되기 위해서는 어떻게 해야 할까요?

• 아나운서는 다양한 사람을 인터뷰해요. 아나운서가 된다면, 어떤 사람을 가장 만나 보고 싶나요?

책 속에 담아 둔 너의 시간을 응원해!

　마지막 장까지 한 글자, 한 글자 꾹꾹 눌러 쓰느라 손이 좀 얼얼한가요? 그건 여러분이 이 책과 함께 아주 성실한 시간을 보냈다는 증거일 거예요. 정말 수고 많았습니다.

　우리는 이 책 안에서 참 많은 사람을 만났어요. 어떤 사람은 여러 번의 실패를 겪으며 눈물 흘렸고, 어떤 사람은 자기만의 길을 가느라 외로웠어요. 또, 어떤 사람은 아주 오랫동안 아무도 알아 주지 않았습니다. 하지만 그들은 결국 자신만의 문장을 찾아냈고, 그 문장이 그들을 지켜 주었습니다. 여러분이 따라 쓴 바로 그 글 말이지요. 이제 그것들은 여러분의 마음속 가장 깊은 서랍에 차곡차곡 정리되어 있을 거예요.

　혹시 지금도 "내 꿈은 이거야!"라고 자신 있게 말하기 어렵나요? 하지만 괜찮습니다. "나는 커서 의사가 될 거야.", "유명한 유튜버가 될 거야."처럼 딱 떨어지는 정답만 꿈은 아니거든요. **꿈을 찾는 것은 '나는 어떤 순간에 설레고 가슴이 뛰는지', '나는 누구를 도울 때 기분이 좋을지' 등 내 마음의 이야기를 알아가는 여정에 가깝습니다.**

　여러분이 완성한 이 책은 꿈을 찾아 떠나는, 빛나는 마음 지도입니다. 삐뚤빼뚤한 글씨여도 좋고, 중간에 고쳐 쓴 흔적이 있어도 좋아요. 그 흔적들 사이에 여러분이 무엇을 좋아하고, 어떤 사람이 되고 싶은지가 보석처럼 알알이 박혀있으니까요.

　이제 이 책을 책장에 잘 꽂아 두세요. 그리고 언젠가 문득 '내가 진짜 원하는 게 뭘까?', '나 지금 잘하고 있는 걸까?' 하는 걱정이 앞서는 날, 이 책을 다시 한번 꺼내 보세요. 오늘 여러분이 책 속에 꾹꾹 눌러 담은 마음들이, 훗날 지친 여러분에게 가장 든든한 응원이 되어 줄 테니까요. 조급해하지 않고 천천히, 저마다의 속도로 예쁘게 피어날 여러분의 모든 날을 응원합니다.

　부모님께서는 아이의 손때가 묻은 페이지들을 눈여겨 봐 주세요. 혹시 아이가 유독 힘주어 쓴 문장이 있다면, 그건 그 말이 아이의 마음에 가닿았다는 뜻일 거예요. 빈칸에 남겨둔 짧은 생각들이 다소 서툴러 보여도, 그건 아이가 스스로를 찾아가기 위해 애쓴 소중한 발자국이라는 것을 기억해 주세요. 그 발자국을 알아봐 주고 "네 생각이 참 멋지구나." 하고 말해 주는 것, 그것이 가장 큰 응원입니다.